THEATRUM
COGITATIOCUM
思想剧场

性经验史

认知的意志

一第一卷一

Michel
Foucault

〔法〕米歇尔·福柯 ——

著

佘碧平 ——

译

上海人民出版社

译者的话 [1]

　　《性经验史》是当代法国思想家米歇尔·福柯（1926—1984）花费十几年时间潜心研究的结果。自从1970年被选入法兰西学院以后，由于教学的压力，福柯开始在课堂上讲授自己正在进行的研究，而且每年都不得不更新内容。在法兰西学院，他每周三上课，从1970年到1984年，他共开出了如下课程：（1）1970—1971年，讲授"认知的意志"；（2）1970—1972年，讲授"刑事理论与刑事制度"；（3）1972—1973年，讲授"惩罚的社会"；（4）1973—1974年，讲授"精神病学的权力"；（5）1974—1975年，讲授"不正常的人"；（6）1975—1976年，讲授"必须保卫社会"；（7）1976—1977年，停课一年；（8）1977—1978年，讲授"安全、领土和人口"；（9）1978—1979年，讲授"生命政治的诞生"；（10）1979—1980年，讲授"对活人的治理"；（11）1980—

---

[1]　本文的部分内容曾发表在2000年第4期的《世纪书窗》上。

1981 年，讲授"主体性与真理"；（12）1981—1982 年，讲授"主体解释学"；（13）1982—1983 年，讲授"治理自我与治理他者"；（14）1983—1984 年，讲授"治理自我与治理他者：说真话的勇气"。由于健康原因，最后两年的课并没有正式开成，只是做过几次讲演。

据"福柯中心"负责人 François Ewald 说，福柯正是在整理这些讲稿的基础上，先后发表了《规训与惩罚》（1975 年）和《性经验史》（1976 年和 1984 年）。不过，相比较而言，《性经验史》的成书过程要复杂得多。1976 年，福柯出版了《性经验史》的导论《认知的意志》。在该书的封底上，他预告读者《性经验史》共有六卷：第一卷《认知的意志》、第二卷《肉体与身体》、第三卷《儿童的十字军东征》、第四卷《女人、母亲和癔病患者》、第五卷《不正常的人》、第六卷《人口与种族》。

《认知的意志》的基本观点与《规训与惩罚》一致，只是侧重点有所不同，两本书都以权力关系及其运作方式作为研究的对象。在《规训与惩罚》中，福柯是以身体作为研究权力关系运作的支点，讨论的是权力如何依靠制约身体的"规训"程序贯穿于整个社会之中；而在《认知的意志》中，他进一步以"性经验"作为权力关系运作的支点，关注性经验与这一权力配置的关系，并且试图提出一套新的"权力理论"。首先，福柯写这本书的动机与出发点是反对弗洛伊德和拉康的精神分析理论，因为后者从压抑与解放的二元对立出发，认为性从来只

译者的话

是被否认和被压抑的，但是，福柯却发现，从 16 世纪末以来，性不仅被压抑，而且被激活起来，不断被生产和繁殖出来。这正是各种权力关系在性经验的配置中运作的结果，简言之，压抑与解放恰恰是权力配置中互相关联的两个方面。它表现为对肉体的惩戒权力和政府对人口的调节权力，即"我们大家都生活在'性'社会里，或者说是生活在'性'之中。权力配置告诫身体、生命、繁衍生命的东西、增强人种的东西注意自己的力量、控制能力或者供人使用的能力。权力'向'性谈论性……"① 总之，在"身体"与"人口"的连接点上，性变成了以治理生命为中心的权力的中心目标。

《性经验史》第一卷出版后，福柯却沉寂了很多年，一直没有按照预告整理出版《性经验史》的后五卷。据迪迪埃·埃里蓬（Didier Eribon）在《米歇尔·福柯》中说，其实资料已经准备就绪，福柯的桌子上"摆着标有不同题目的卷宗，等待最后完稿的时刻"。从 1976 年到 1984 年，在他去世前，福柯不断重写这些手稿，它们"乍一看字迹几乎不能辨认，上面到处都是补白和涂改"。② 从中不难发现，福柯已经改变了想法，不再想撰写预告过的《性经验史》的续篇，而是完全打乱了计划。他开始对古希腊罗马文化和基督教早期文学发生了兴趣。为此，他经常前往索尔舒图书馆查找有关资料，又写出了

---

① 《性经验史》，法文"如是"版，第 194 页。
② ［法］迪迪埃·埃里蓬：《权力与反抗：米歇尔·福柯传》，谢强、马月译，北京大学出版社，1997 年，第 305—306 页。

大量手稿。从 1979 年起，他先后应邀在美国一些著名大学讲演，首次展现了这些新的研究成果。1979 年 10 月，他在斯坦福大学作了有关"牧领权力"的讲演："普遍性与特殊性，走向政治理性批判"。1980 年 10 月，他在加州大学伯克利分校作了"真理与主体性"的讲演。1983 年后，他又在加州大学伯克利分校开设了"自我的教化"的公开课（它后来成了《性经验史》第三卷的第二章）。同年秋天，他继续在该校讲授"自由主义""治理技艺"和"讲真话"的课程。这些讲演与他在法兰西学院的授课主题是一致的，在内容上亦是互补的。此外，美国大学图书馆的丰富藏书和高效管理对福柯亦帮助良多，使他加快了《性经验史》续篇的写作步伐。

不难发现，在 1976—1984 年间，福柯思想经历了一次重大变迁。在《认知的意志》中，他试图在基督教及其忏悔学说中寻找"性话语"的来源。1979—1980 年，他在法兰西学院讲授"对活人的治理"这一课程，专门研究"早期基督教心灵忏悔的考察程序"，他提出的问题是"人们不只是简单的服从，而且可以通过陈述它来表明对自己的治理是如何形成的"。在这一讲稿的基础上，他完成了《肉欲的忏悔》一书的第一稿。① 但是不久，他发现这种对自己的治理只是"自我的伦理"和"自我的技术"的一种晚出的形式，其来源还可追溯到

---

① ［法］迪迪埃·埃里蓬：《权力与反抗：米歇尔·福柯传》，谢强、马月译，北京大学出版社，1997 年，第 358 页。

古希腊罗马时代的"异教文化"。他进而发现，基督教的"苦行"观念在异教文化中已经存在，但是它不是出于"原罪"的考虑，而是"自我的技术"和"自我的教化"的问题。① 于是他又计划另列二卷（《快感的享用》与《自我的关注》）来研究异教道德观如何在基督教发展的前夕建立起这些"规则的方式"。由此，《性经验史》的整个写作计划又颠倒了过来：第一卷《认知的意志》（1976）、第二卷《快感的享用》、第三卷《自我的关注》和第四卷《肉欲的忏悔》。

1984 年 6 月，福柯还专门为即将出版的《性经验史》后三卷撰写了"内容概要"：

> 《认知的意志》陈述这一系列研究的初步计划不是重构性行为和性实践的历史，也不是分析那些（科学的、宗教或哲学的）思想，人们通过这些思想表现这些行为，而是弄清在现代西方社会中，像"性经验"这样的东西是如何被构造的，这个概念人所共知，但在 19 世纪初之前却从未出现。
>
> 把性说成是一种历史的构建的经验意味着研究欲望主体的谱系学，还意味着不仅要上溯基督教传统的形成初期，还要追溯古代哲学思想。

福柯在从现代通过基督教返归古代文化的过程中，遇到了

---

① ［法］迪迪埃·埃里蓬：《权力与反抗：米歇尔·福柯传》，谢强、马月译，北京大学出版社，1997 年，第 359 页。

一个简单却又常见的问题：为什么性行为，为什么属于性行为范畴的活动与快感会成为伦理学关心的对象？为什么在不同时期这种对伦理学的关注显得比人们对诸如滋养行为或履行公民义务之类的个体或群体生活的其他领域的关注更重要呢？这种应用于希腊—拉丁文化中的生存问题似乎也涉及人们可以称作"生存艺术"或者"自我的技术"的实践的整体。它们具有十分重要的意义，值得全面研究。这就是福柯最终将他的广泛研究全部重新集中在古典时代文化至基督的最初几个世纪的欲望之人的谱系学上的原因。三卷本使他的研究形成整体：

——《快感的享用》研究性行为被古希腊思想视为道德评价和选择范畴的方式，以及它所参照的主观化的方式：道德实质、服从类型、自我设计和伦理目的理论的形式。研究医学和哲学思想如何制定这种"快感的享用"和表达那些构成与自己肉体的关系、与自己妻子的关系、与孩子的关系、与真理的关系这四大经验轴心循环的主题。

——《自我的关注》分析公元最初两个世纪的希腊和拉丁文献中提出的问题，及其他在自我关心控制着的生活艺术中所经历的转变。

——最后《肉欲的忏悔》探讨基督教最初几个世纪的肉体经验以及欲望的宗教经典和无邪辨读在基督教中所引起的作用。[①]

[①] ［法］迪迪埃·埃里蓬：《权力与反抗：米歇尔·福柯传》，谢强、马月译，北京大学出版社，1997年，第361—362页（译文有改动）。

不久，《快感的享用》和《自我的关注》如约出版。但是，最先完成的《肉欲的忏悔》却一直没有出版的消息。原来是艾滋病赶在福柯修改完它之前发作了，夺去了他的生命。也许是崇尚完美，福柯在去世前还表示了"不出版遗著"的愿望。他的家人为了尊重他的这一遗愿，至今不许出版《肉欲的忏悔》。

　　在最初翻译本书以及此次修订过程中，我曾先后参考过Robert Hurley 的英译本（*The History of Sexuality*, Vol.1: *An Introduction*, 1978）、张廷琛先生等译的第一、二卷《性史》（上海科学技术文献出版社，1989 年 1 月）和尚恒先生译的第一卷《求知之志》（收入杜小真女士主编的《福柯集》，上海远东出版社，1998 年 12 月）。本书所附的"福柯年表"则是根据 François Ewald 编写的《福柯年谱》（"*Repères biographiques*"，收在法国《文学杂志》1994 年福柯专号上）编译而成的。此外，为了方便读者，我还编写了"人名索引"。不过，限于篇幅，我没有对书中出现的大量古希腊—罗马时期的人物给出"专名释义"，有兴趣的读者可以查阅"勒布古典丛书"（复旦大学图书馆和上海社会科学院图书馆皆有收藏）。

　　其次，我要说明的是，《性经验史》的"译者序"是根据Steven Best and Douglas Kellner 的《后现代理论：批判的询问》（*Postmodern Theory: critical interrogations*）、Frédéric Gros 的《米歇尔·福柯》（*Michel Foucault*）等书

编写而成。考虑到当时在"译者序"后对此未加注明，加之它与《性经验史》本身的关系不大，所以这次就把它删去了。

最后，对于法国伽里玛出版社对外版权部 Anne Delmas 女士和巴黎高等师范学校哲学系主任 Claude Ambert 教授在版权与翻译方面的帮助，表示深深的谢意。

由于本人学识浅陋，这本译著虽经修订，错误之处仍然难免，敬请读者批评、指正。

佘碧平

2002 年 5 月

目录

第一章

我们是"另一类维多利亚时代的人"

长期以来，我们一直忍受着维多利亚时代的生活规范，至今仍然如此。这位一本正经的女王还出现在我们性经验的徽章上，矜持、缄默和虚伪。

　　在 17 世纪初，人们对性还有几分坦诚。性生活不需要什么隐秘，言谈之间毫无顾忌，行事也没有太多的掩饰。时间一长，大家对这些放肆的言行也见怪不怪了。如果与 19 世纪相比较，对于这些粗野的、猥亵的和下流的言行的约束要宽松得多。那时，人们举止袒露，言而无羞，公然违反礼仪规范，裸体示人和随意做爱，对此，成年人开怀大笑，夹杂在大人们中间的小机灵鬼们也毫无羞耻和局促之感。这个时代是肉体"展示"的时代。

　　在这个时代之后，黄昏迅速出现，直至维多利亚时代资产阶级的单调乏味的黑夜降临。于是，性经验被小心翼翼地贴上封条。它只好挪挪窝，为家庭夫妇所垄断。性完全被视为繁衍后代的严肃事情。对于性，人们一般都保持缄默，唯独有生育力的合法夫妇才是立法者。他们是大家的榜样，强调规范和了解真相，并且在遵守保密原则的同时，享有发言权。上自社会，下至每家每户，性只存在于父母的卧室里，它既实用又丰富。除此之外，其余的人对性都不甚了了。于是，彬彬有礼的态度就是要避免肉体的接触，用词得当就是要求净化语言。如果性无能的人一直无法生育，而且到处张扬，那么他就被视为变态的人。他将要接受这种身份，并且应该为此遭受惩罚。

一切没有被纳入生育和繁衍活动的性活动都是毫无立足之地的，也是不能说出来的。对此，大家要拒绝、否认和默不作声。它不仅不存在，而且也不应该存在，一旦它在言行中稍有表现，大家就要根除它。以儿童为例，大家知道他们是没有性的：因为大家让他们忌讳性，禁止他们谈及性，在他们将要露出性器官的时候要紧闭双眼和捂住耳朵，而且一定要完全保持沉默。这就是压抑的实质，它有别于刑法的简单禁令：虽然它也是禁止对象存在，但是它还是保持沉默的命令、对禁止对象存在的肯定，而且证明对性不仅不要去说，还不要去看和了解。因此，根据这种蹩脚的逻辑，现代资产阶级社会的虚伪就暴露无遗了。不过，它也会被迫作出某些让步。假若真的不得不向越轨的性活动让步，那么它也要到别处寻欢作乐：它们在那里即使不属于生育活动，至少也是赢利的行当。妓院和诊所都是这种宽容之所：娼妓、嫖客、皮条客、精神病医师和他的歇斯底里病人——这些人被斯蒂芬·马尔库斯称为"另一类维多利亚时代的人"——似乎悄悄地把不可说出的快感变成了可以计价的东西。他们的言行举止必须是隐秘的，因而这些交易的代价不菲。只有在这里，放荡的性才有权以各种真实的、但又孤立的方式出现，才有权用各种受到约束与规范的暗语说出来。而且，现代清教主义还到处强迫人们遵守它的三项律令：

禁止、否认不正当的性活动，对性活动本身默不作声。

在这两个漫长的世纪里，性经验史应该首先被读解成压抑不断增长的编年史，对此，我们要问：我们将会摆脱压抑而获自由吗？有人告诉我们：进展非常小。这也许是弗洛伊德说的。但是，他的研究在医学上仍然非常慎重，从科学上确保性是无害的，为此还提出许多警告，认为只有在床笫与话语之间最安全和隐秘的地方才能纵情享受云雨之乐，但是也只是在床上说些有用的悄悄话。难道性事就不能换一种方式吗？有人会向我们解释：如果自古典时代以来性压抑一直是连接权力、知识和性经验的基本方式，那么我们只有付出高昂的代价，才能从中解放出来。这也就是说，我们应该违反法律，解除禁忌，口无遮拦，重新享受现实的快感，而且权力机制也要发生结构转变。这是因为即使真理发出的光亮再微弱，也是受制于政治的。由此之故，我们无法通过一种简单的医学实践或某种严格的理论话语而达到自我解放的目的。因此，大家指责弗洛伊德的因循守旧和心理分析的规范化作用，指责它们在赖希（Reich）的激烈批评之下的羞羞答答，指责性的"科学"所确保的一切性事整合的效果以及性学实践的暧昧之处。

关于现代性压抑的话语站得住脚。毫无疑问，它不难做到这一点。因为它有着来自历史的和政治的郑重保证。在数百年的自由表达和开放之后，出现了压抑的时代，它源于17世纪，人们以此来配合资本主义的发展：它与资产阶级的秩序联为一体。性及其性游戏的小小编年史立即移入生产方式的正统历史之中，从此不再微不足道了。于是这就产生了一种解释原则：如果性遭到非常严格的压抑，那么这是因为它是与一般的紧张劳动不相容的。当人们系统地使用劳动力时，除了为自身的繁衍需要最低限度的快感外，人们可能会容忍劳动力为各种快感而浪费精力吗？也许，性及其结果不容易被了解，但是由此而形成的对它们的压抑却是易于分析的。性的动机——性自由的动机，还有人们获得性知识和有权谈论性的动机——其正当性是与政治动机的正当性联系在一起的：性本身是属于未来的。也许，多疑的人会问，为了竭力维护性的历史而设置这么多预防措施，这是否还带有各种古老的羞耻心的痕迹：好像是为了这一话语能够站得住或接受，必须先有这些重要的关联。

但是，用压抑来说明性与权力的关系也许另有让我们非常满意的原因：即对说话者有益。如果性受到压抑，也就是说性被禁止、性是虚无的、对性要保持沉默，那么谈论性及其压抑的惟一事实就是一种故意的犯禁行为。谁这样谈性，他就站到了权力之外的某一位置上了。他搅乱了法律，预见到一点未来的自由。今天，大家就是以这种庄重的态度来谈论性的。当最早的人口学家和19世纪的精神病学家需要提起性时，他们认为自己必须为让读者们关注如此低级无聊的主题而道歉。几十年来，我们也是不装腔作势一番，是不会谈论性的：因为我们意识到这是在冒犯现实的秩序，也知道说话的语气是有颠覆性的，而且隐含着逃避现在、召唤未来早日到来的热情。这样，反抗、自由承诺和下一个奉行不同法律的时代这些东西就轻易地进入了这一关于性压抑的话语之中。在此，我们还发现某些古老预言的传统作用的现代反响。明天，性就会变好了。这是因为我们肯定了这一压抑，所以我们还可以小心地让由于担心成为笑料或历史的严酷性而妨碍我们中大部分人接近的目标共存：即让革命与幸福，或者革命与另一个更新更好的肉体，或者革命与快感共存。这样，就可以与权力唱反调，说出真相和享受快乐；把觉悟、解放和多种快感联系起来；坚持话语中认知的热情、改变法律的意愿和理想的乐园之间的相互结合。毫无疑问，这促使我们坚持根据压抑来谈论性；它也许说明了我们赋予一切性话语和细心倾听那些力图取消性话语影响的人的这一简单事实的商业价值。首先，在我们的文明中，倾听他人吐露性秘密的工作人员是要收取报酬的，这在世界上是独一无二的：好像谈性的愿望和大家想要性的兴趣已经大大地超出了倾听的各种可能性，某些人已经把他们的耳朵出租了。

但是，我认为比经济影响更为本质的是我们这个时代话语的存在，其中性、真理的展现、世间法律的颠覆、另一个时代的宣示和对一种最大幸福的承诺联成一体。今天，性成了这个在西方十分熟悉和重要的古老的说教形式的支柱。一个庞大的性说教——它拥有眼光敏锐的神学家和通俗的语言——数十年来渗透到我们的社会之中。它批判古代的秩序，揭露虚伪，歌颂直接的和实在的权利。它让人向往另一种城市。让我们想一想方济各派。我们想知道它怎样能够让长期伴随革命规划的激情和虔诚在西方工业社会中（至少在很大程度上）转移到

15

性上。

因此，被压抑的性观念不仅仅是理论问题。对只是在忙忙碌碌的和精打细算的虚伪的资产阶级时代才被驯服的性经验的肯定是与对旨在说出性真相、改变现实中的性结构、颠覆支配性的法律和改变性的未来的话语的夸大成双成对的。压抑的内容和说教的形式相互传递和加强。说性没有被压抑，或者说性与权力的关系不是压抑关系，可能只是一种贫乏的悖论。这不仅损害了一个广为接受的观点，而且还是与支持这一观点的整个经济与所有话语"利益"相背的。

我想从这一点出发确定一系列历史的分析，本书既是它们的导言，也是第一个粗略的研究：确定几个富有意义的历史时刻，勾勒出某些理论问题。总之，它探讨的是一个多世纪以来因为虚伪而受到大肆抨击的社会，这个社会喋喋不休地谈论它的缄默，不厌其烦地细说它没有说出的话，揭露它施加的权力，许诺要从让自己运转起来的法律中解放出来。我不仅想完整地考察一下这些话语，而且还要研究引导它们的意志和支持它们的战略意向。我要提出的问题不是：为什么我们受到压制？而是当我们说我们受到压制时，为什么会带有那么多反对刚刚过去的时代、反对现在和反对我们自己的激情和怨恨呢？究竟通过什么螺旋形的过程，我们最终确定性被否定，证明性被隐匿了和性被避而不谈了；而同时又用清楚无误的语言说出了性，力图让大家在其赤裸裸的现实中看清性以及在性权力及其后果的实证性中肯定它呢？当然，我们完全可以合法地追问，为什么我们长久以来会把性与罪恶联系在一起呢？还有，我们必须知道这种结合是如何发生的？必须避免未经充分准备就笼统地得出性已经"被禁止"的结论。我们还要追问，为什么我们今天会对以往犯下的性罪恶感到内疚呢？我们是通过什么途径而在性方面行为"失当"呢？西方文明十分独特之处就在于它长久以来，一直到今天，仍然有着反对性的"罪恶"，这难道是滥用权力的结果吗？这一变动又是怎样发生的呢？因为就在它要求我们摆脱性的罪恶本性的同时，它又给我们强加了一个巨大的历史错误，这一错误就在于想象出这一犯错误的本性，并且从这一信念中引出各种灾难性的后果。

也许有人对我说，如果今天有那么多的人赞同这种压抑，那么这是因为它在历史上是理所当然的。还有，如果这些人长久以来一直这样自信满满地如是说，那么这是因为这种压抑已经深深地扎根了，它有着稳固的根据和理由，还有，它压迫性的方式十分严厉，以致仅靠揭露是无法让我们解放的。这方面的工作还长着呢。因为这一工作特别注意压抑无用的能量、快感的强度和犯禁的行为，所以它比权力本身——特别是像在我们社会中运作的权力——更加长久。这样，我们必须想到从这一压抑权力中摆脱出来的后果是缓慢地表现出来的。自由地谈论性和接受性的真实性，这种意图对于上千年的历史来说是闻所未闻的。此外，它还非常敌视权力的内在机制，在实现自己的目标之前，它只能长期停滞不前。

然而，针对我所说的这种"压抑假说"而言，人们可以提出三大怀疑。第一个怀疑：性压抑真的是一种历史事实吗？我们第一眼瞥见的——并且谁准许提出一个基本假说——真的是 17 世纪以来建立起来的或强化的性压抑体制吗？这是一个历史问题。第二个怀疑：权力机器，特别是在我们社会中起作用的权力机器真的在本质上是维护压抑秩序的吗？禁止、审查和否认真的是在一切社会中权力运作的普遍形式吗？这是一个历史的和理论的问题。最后，第三个怀疑：有关压抑的批判话语为了阻止压抑是否已经与一直未受到质疑的权力机制交织在一起了呢？或者它不属于它所揭露（毫无疑问，也是歪曲）的"压抑"的历史网络呢？在压抑时代与对压抑的批判分析之间是否存在一个历史的断裂呢？这是一个历史的和政治的问题。提出这三大怀疑，这不仅仅是提出与第一类假说相反的假说，也不是说：性不但没有在资本主义社会和资产阶级社会里受到压抑，相反还受益于一个永恒自由的体制。这也不是说：在我们的社会中，权力不是压抑，而是宽容，大家对压抑的批评大有与之决裂的架势。这种批评属于一个比自身更加古老的过程，按照这一过程的方向，它将是一个禁忌不断减轻的新的时期，或者是一个更加狡猾的或更加审慎的权力形式。

　　我对压抑假说的怀疑，目的不是指出它是错误的，而是把它重新纳入 17 世纪以来现代社会内部的性话语的一般结构之中。为什么大家要谈论性经验？大家究竟谈了些什么？性话语又引起了什么权力后果呢？在这些话语、权力后果和由此而来的快感之间，存在着什么样的联系呢？由此又形成了什么知识？简言之，它就是在自己的运作和存在理由中限定支撑着我们社会中性话语的权力—知识—快感的体制。因而，重要的（至少是最重要的）不是去了解我们是否对性说是或否，我们是否宣布禁忌或许可，我们是否肯定它的重要性，或者我们是否否定它的结果，我们是否改变我们用来指称性的词语，而是要考虑我们谈论性的事实、谁在谈论性、我们谈论性的地点和观点、煽动我们谈论性并且积累和传播性话语的各种机构，一句话，就是要考虑全部的"话语事实"和"性话语实践"。此外，重要之处还在于权力是在什么形式下，通过什么渠道、顺着什么话语最终渗透到最微妙和最个体化的行为中去，它沿着什么道路直达罕见的或几乎察觉不到的欲望形式，还有，它又怎样穿透和控制了日常的快感，而所有这一切及其后果又能够既是对性的拒斥、阻碍和失格，也是对性的煽动和深化，简言之，它们具有"多种形式的权力技术"。最后，重要之处不在于确定这些话语产物和这些权力后果是否揭露了性的真相，或者是掩盖它的谎言，而是要抽取出支持它们并且作为它们的手段的"认知的意志"。

大家必须搞清楚，我并不主张古典时代以降性没有受到禁止、阻碍、掩饰或误解，我也没有断言过这个时期的性比以往更少压抑。我没有说过性禁忌是一种圈套，而是说这是一个让性成为基本的构成要素的圈套，从这一圈套出发，我们可以撰写现代性话语的历史。所有这些被压抑假说装进一个只说不的庞大的中央机制之中的否定因素——禁止、拒斥、审查和否定都只是在无法还原到自身的话语实践、权力技术和认知意志中发挥局部的和策略的作用的各种片断。

总之，我不打算分析我们通常优先考虑的稀缺结构和匮乏原则，而是找出话语生产（当然，它还节制各种沉默）、权力生产（有时，它有禁忌作用）和知识生产（它经常传播各种错误或误解）的要求。我要写出这些要求及其转变的历史。然而，从这一观点写出的这第一部粗略的研究结果，说明了16世纪以降，性"话语实践"不但没有屈从于一个限制的过程，相反却是服从于一个煽动不断增大的机制。各种作用于性的权力技术没有屈从于一个严格的筛选原则，而是服从于一个多元形式的性经验的撒播和移植原则。认知的意志也不是不能越雷池一步，而是顽强地——当然是通过各种错误——构成了一门性经验的科学。我力图绕到压抑假说及其引发的禁忌事实或排斥事实的背后，从一些具有标志性意义的历史事实出发，让这些运动系统地呈现出来。

第二章

压抑假说

一

话语煽动

　　17 世纪是一个压抑时代的开始，专属于所谓的资本主义社会，也许我们至今尚未完全摆脱它。从这个时代起，给性命名成了一件更加困难和要付出更高代价的事情。如果要在现实中控制性，人们首先必须把它还原到语言层面，控制它在话语中的自由交流，把它从言谈对象中剔除，禁用明显表现性的词语。这样，甚至连这些禁忌也害怕直呼性。现代人也羞于谈性，相互之间传递的唯一的禁忌游戏就是：通过一直保持缄默，来强迫人们闭口不谈性。检查制度。

　　然而，一旦我们考察最近三个世纪以来它们的连续变化，事情就大不相同了：围绕着性，发生了一次真正的话语爆炸。我们必须明白，很可能发生了一次对允许使用的词汇的十分严格的净化。人们很可能规范了全部暗示和隐喻的修辞。毫无疑问，词语都经过了作为语言警察的新的礼仪规则的过滤检查。表达方式也受到了控制：大家将非常严格地规定在何时何地不能谈论性；还要确定在何种场合下，说话双方是谁，以及处于何种社会关系之中。这样，大家要明确地划定缄默的区域，即使不能绝对沉默，至少也要保持警惕和审慎：例如在父母与孩子之间，或者在教师与学生、主人与仆人之间。几乎可以肯定，这里存在着一种约束结构。它被整合到语言和说话的政治之中，这种政治一方面是自发的，另一方面又是协商的结果，它伴随着古典时代的社会重组。

相反，在话语及其领域的层面上，存在着几乎相反的现象。关于性的各种话语在形式和对象方面各不相同，它们不停地增长着：18 世纪以来，性话语加速泛滥。这里，我指的不是"犯禁"话语的可能增多，这些违禁话语粗鲁地凌辱或者嘲讽性，赋予它新的羞耻。礼仪规范日益严厉，很可能导致相反的结果，使不得体的话语得到了加强。但是，重要的是性话语在权力运作的范围内不断增加：权力机构煽动人们去谈性，并且谈得愈多愈好，权力当局还坚持要听到人们谈性，并且让性现身说法，发音准确，事无巨细。

以特兰托会议之后的天主教教士守则和忏悔圣事的演变为例。大家渐渐地掩盖了中世纪忏悔手册提出的赤裸裸的问题，其中很多忏悔手册直到 17 世纪还流行着。以往像桑切兹或汤布里尼一些人长期以来认为严格地叙述性活动的操作细节对于忏悔的完整性是必不可少的，如双方各自的位置、表现出的态度、姿势、抚摸和快感的确切时段，但是后来大家不再注意细节了。大家不得不谨言慎行。对于各种不洁的罪恶，大家必须万分小心："这种东西就像沥青一样，一旦沾上身，它就无法去掉，不管你把它扔到多远，身上总有一块污渍或泥痕。"①以后，阿尔芬斯·德·利古奥里规定，一旦涉及性，要从一些"拐弯抹角的和有点模糊的"问题出发，点到为止，尤其对于儿童而言。②

但是，语言能够被净化。坦白的范围，即肉体坦白的范围，不断地扩大。因为反改革的运动在各个天主教国家里忙于加快忏悔的年度节奏。因为它力图强迫大家接受自我审查的审慎规则。但是主要的，这是因为它愈来愈在忏悔中强调——也许，不惜以其他一些罪恶为代价——肉体的一切暗示：思想、欲望、意淫、乐趣、身心的协调运动，所有这些从此必须在忏悔和指导的相互作用中被详细地坦白出来。根据新的教士守则，大家必须审慎地提及性。但是，性的各个方面、关系和影响必须得到细致的考察，直至它们最细微的分支：幻想中的一个阴影、一个被缓缓驱除的印象、身体运作和精神愉悦之间的必然协调，所有这些都必须交代清楚。这一双向演变使得肉体成了万恶的根源，并且在性活动最关键的时刻让肉体陷入难以察觉和表达的欲望迷乱之中。因为这是一种以最隐秘的方式腐蚀了整个人的罪恶："因此，必须勤快地检查你所有的精神能力，记忆、理解和意志。还必须仔细地检查你的全部感官……

---

① P. 塞涅里：《忏悔须知》，法译本，1695 年，第 301 页。

② A. 德·利古奥里：《忏悔者的实践》，法译本，1854 年，第 140 页。

此外，你必须检查你的全部思想、言论和行为。一直检查到你的梦，看看你醒来后是否赞同它们……最后，你不要认为在这种如此敏感和危险的事物里的东西是什么微不足道的。"[①]

对此，必须用一种负责任的和审慎的话语拐弯抹角地关注身心的连接线：它在罪恶的表面之下展现了肉体未断的肋骨。在语言被小心净化和大家不再直接谈性的情况下，性落入了话语的掌握之中，话语不断地捕捉它，不让它有丝毫躲藏和喘息的机会。

也许，这是现代西方人第一次被迫接受这样一种如此特别的、以普遍禁忌形式出现的命令。我不是说现代西方人要像传统忏悔要求的那样，有义务供认自己违反性戒律的言行，而是指他们有着经常自我坦白和向他人坦白所有通过身心而与性密切相关的无以数计的快感、感受和思想之间的相互作用的无尽任务。这一把性"纳入话语之中"的规划，经历了很长时间才在僧侣的禁欲传统中逐渐形成。在17世纪，出现了一种把性纳入话语的普遍规则。事实上，它只能应用在少数精英人物的身上，而一年中很少做几次忏悔的大多数信徒不会按照如此复杂的规定行事。但是毫无疑问，重要之处在于，这种义务至少被确定为全体善良基督徒的理想。为此，大家必须服从一种命令：不仅忏悔自己的违反法律的行为，而且还要以坦白自己的全部欲望为目标。只要有可能，大家就必须巨细无遗地坦白

---

① P. 塞涅里，《忏悔须知》，法译本，1695年，第301—302页。

出来，而且所使用的词语也必须是审慎中立的。基督教的教士守则明文规定，其基本职守是让任何带有性特征的东西进入没有终止的话语磨坊之中。[①] 与这种宏大的驯服活动相比，禁用某些词语、说话要得体和一切审查词汇的手段只能是次要的机制：它们只是在道德上让前者为人接受和在技术上让前者有用的不同方式。

我们可以勾勒出一条从 17 世纪的教士守则直到它反映在"丑恶的"文学中为止的线索。17 世纪的精神导师们反复强调的是要全部说出来，"不仅包括熟练的性活动，而且还有感官抚摸、一切邪恶的目光、一切淫秽的话语……一切淫念"。[②] 后来萨德（Sade）提出的戒律几乎是精神指导术的翻版："你的叙述必须细致入微，只要你不掩盖情节，我们就能判断出你叙述的激情是与道德和人的个性相关的。即使是最细微的情节，也会极大地帮助我们理解你的叙述。"[③] 到了 19 世纪末，《我的隐秘生活》（*My Secret Life*）的匿名作者仍然受限于同样的规范。毫无疑问，至少从表面上看，他是那种传统意义上的浪荡子；但是他差不多把全部生活都投注在性活动上，而且还事无巨细地把它叙述出来。有时候，他为此感到内疚，强

31

---

① 改革后的教士守则尽管更加审慎，但是也提出了把性纳入话语之中的规则。我们将在下一卷《肉体与身体》中进一步阐述这一点。

② A. 德·利古奥里：《关于第六戒条的格言》，法译本，1835 年，第 5 页。

③ D.-A. 德·萨德：《索多玛的一百二十天》，保维尔编辑，第一册，第139—140 页。

调自己为了关心教育青年人。于是，他发表了十一卷有关他的最细微的性历险、性快感和性感受的著作，不过，只有少量印数。我们最好相信他在著作中表达了一种纯粹的命令："我说的是事实，它就是这样发生的，也是我能够回忆出来的。这就是我能够做的一切"；"一种隐秘的生活不应该有任何遗漏；没有什么东西是见不得人的……我们对人性的认识从不会过头。"①《我的隐秘生活》的隐士为了证明自己的描述，经常说他的这些最怪异的做法一定也是世上成千上万的男人的做法。但是其中最最奇特的做法是巨细无遗地坦白出来，日复一日，没完没了，两个世纪以来，这一原则深深地植根于现代人的心灵之中。与其说我在这个人身上看到了逃避强迫他沉默的"维多利亚主义"的勇气，不如说我认为在一个以审慎和羞耻的冗长指令为主导的时代里，他是坦白性事这一有着数百年历史的律令的最直接的和最朴实的代表。而"维多利亚式的清教主义"的各种羞耻戒律倒是历史的意外事件，它们只是将性纳入话语的宏大进程中的一次突变、一次升华和一次策略转变。

比起他的女王来，这位不知名的英国人在现代性经验史上能够更好地扮演主要角色。在很大程度上，现代性经验史是与基督教教士守则一起形成的。毫无疑问，与教士守则不同，他的目的是要提高他通过巨细无遗的叙述所体验到的性感受。如萨德，他写作是"为了自己的快感"。他小心地把对自己作品

---

① 《我的隐秘生活》，格罗夫出版社重新编辑，1964 年。

性经验史第一卷：认知的意志

的编辑和重新读解与它们重复、延长和激发的性爱场景糅合起来。但是，无论如何，基督教教士守则也是旨在通过把欲望整合和应用到话语中而对欲望产生特别的影响：这种影响当然是要人控制欲望，远离它，而且还要人实现精神上的复归，皈依上帝；同时，这种影响还要求人在感受欲火烧身和抵制肉欲 33 的对上帝之爱中体验幸福的痛苦。根本之处就在于此。即三个世纪以来，西方人一直坚持全部坦白自己性事的这一目标；古典时代以来，性话语得到了不断地增加，地位也获得了更大的提高；希望通过这种审慎的分析话语可以对欲望产生转移、强化、重新定向和改变的多重影响。不仅扩大了坦白性事的范围，强迫人们一直扩展它，而且还根据一种意义远远大于禁忌法令的复杂机制及其各种影响，把话语与性连接起来。这是对性的审查吗？其实所建立的只是一种产生更多性话语的装置，性话语在它的结构中运转灵活，效果显著。

如果这一技术没有得到其他机制的支持和推动，那么它也许是与基督教性灵的命运或个体快感的结构联系在一起的。这本质上是一种"公众兴趣"。它不是一种好奇或一种集体的感受，也不是一种新的心态，而是权力运作的机制。其中性话语是它的本质（其原因有待讨论）。坦白性事的政治的、经济的和技术的煽动直到18世纪才出现，而且其形式也不是一种普遍的性理论，而是一种分析、计算、分类和举例，具有数量研 34 究或因果研究的形式。思考性，就是谈论性，这种谈论话语并不完全是道德的，却是合理的。这种必要性相当新以至于一开始它也对自己感到惊讶，并且为此道歉。那么，一种理性的话语怎么能谈论性呢？"哲学家们很少会正眼看待这些令人厌恶的和可笑的东西，在这里，必须同时避免虚伪和丑闻。"① 大约一个世纪之后，我们看到医学不再为自己的表述而感到惊讶，但是当它说出下面一段话时，它仍然感到有失偏颇："笼罩在这些事实之上的阴影以及这些事实所引起的羞耻和反感，以致处在观察者的视线之外……我长期以来对是否要把这一令人可恶的场景纳入研究范围而犹豫不决……"② 本质问题不在于这些顾虑违背了道德主义，也不在于我们质疑它们的虚伪，而是在于一致公认必须要跨越这些顾虑。关于性，我们必须谈论它，我们必须公开谈论它，而且谈论的方式也不再有合法与非法之分，即使谈论者自己仍然坚持这种区分（这些冠冕堂皇的表白也是旨在揭示性）。我们必须谈论的性不再仅仅是惩罚或者宽容的对象，而是管理的对象，要把它置于效用的体系之中，为了大家的最大福祉而去规范它，让它在最佳状态之中发挥作用。性不仅仅是被批判的对象，它还是被管理的对象，它属于公权力，它要求有各种管理的程序，它还必须由各种分析的话语来承担。到了 18 世纪，性更成了治安的事情，但是在该词的完整意义上，它不是指对无秩序的镇压，而是有序提高集体的和个人的力量："我们必须根据它的那些条令规则的智

35

---

① 孔多塞：转引自 J. L. 弗兰德林的《家庭》，1976 年。
② A. 塔尔迪厄：《关于妨害风化罪的医学的和法律的研究》，1857 年，第114 页。

慧来巩固和加强国家内部的权力，这种权力并不仅仅存在于一般共和国之中，也不仅仅存在于组成共和国的每位成员之中，而是处于共和国全体成员的能力和才华之中。因此，治安当局必须利用这些手段让它们为公众的幸福服务，然而如果它没有认识到它具有这些共同的优点，那么它是不可能达到这一目标的。"① 换言之，性治安不再是严格意义上的禁忌，而是通过各种有用的公共话语对性进行必要的调节。

　　要证明这一点，只要举个例证就足够了。到了 18 世纪，权力技术大的新变化之一就是，出现了作为政治经济问题的人口现象：富裕人口、手工业者或者劳动力人口，维持人口增长和人口所使用的资源之间的平衡。各个政府发现，它们对付的对象不是臣民，也不是"人民"，而是"人口"，以及它的特殊现象和各种变量：出生率、发病率、寿命、生育率、健康状况、发病频率、饮食形式和居住形式。所有这些变量都处在各种生命运动和各种机构的特殊影响之间的交叉点上："国家的人口分布不是根据自然人口的繁衍，而是根据它的工业、它的产品以及各种不同的机构……人口增长就像地里的庄稼一样，它是与劳动资源和劳动收益成正比的。"② 性就处于人口这个政治经济问题的中心。我们必须分析出生率、结婚的年龄、合法和非法的出生、性关系的早熟和频率、提高生育率或者节

36

---

① J. 冯·朱斯基：《治安的一般要素》，法译本，1769 年，第 20 页。
② C.-J. 赫伯特：《一般预防治安论》，1753 年，第 320—321 页。

育的方式、单身的后果或者禁忌的影响、节育行为的影响。在
法国大革命的前期，人口学家们就已经知道这些著名的"致命
秘方"在乡间已是司空见惯的事情。当然，长久以来人们认为
如果一个国家想要富足和强大，它就必须有人口，但是一个社
会认为它的未来和命运不仅仅与公民的数量和德行相关，也不
仅仅与公民之间的婚姻规则和家庭的组织有关，而是与每位公
民使用他（她）的性的方式有关，这在历史上还是第一次。大
家开始从对富人们、单身汉们和浪荡子们的放荡不羁的行为的
哀伤转向一个以人口的性行为分析为对象和干涉目标的话语之
中。我们也从重商主义时代的大量人口学主题转向尝试根据鼓
励生育或者反对过多生育的目标和要求，而对人进行更细致和
更精确的调节。通过人口，政治经济学逐渐形成了一整套对性
的观察结果，并且出现了在生物学和经济学的范围内分析性行
为及其规定和影响。此外，还出现了旨在将夫妻的性行为转化
为一种和谐的政治经济行为的有计划运动。它们完全超越了传
统的手段——道德和宗教训诫与财政措施。19 世纪和 20 世纪
的各种种族主义在此也找到了它们的立足点。具体说来，国家
对于公民的性生活及其使用方式了如指掌，而每位公民也能够
控制性生活的使用方式，在国家和个体之间，性成了一种目
标、一种公共的目标。围绕着它形成了一整套各种话语、各种
知识、各种分析和各种命令的网络。

儿童的性也是如此。我们常常说古典时代把儿童的性也隐
藏了。直到《性学三论》问世之前，或者小汉斯的性焦虑引起

人们重视之前，儿童的性尚未成功地摆脱出来。而且古代的言论"自由"的确可能在儿童和成人之间或在学生和老师之间销声匿迹。17世纪的教师不会像埃拉姆斯在他的《对话录》中那样公开建议他的学生选择一个好的妓女。长久以来，社会各个阶层因儿童的性早熟而发出的会心大笑，渐渐被窒息了。但是这绝不是一种简单的闭口不言，而是一种新的话语体制。相反，人类对性的谈论一点也没有减少，不过谈论的方式已经完全不同，这就是说话的人不同，出发点不同，希望达到的效果也不同。缄默自身、大家拒绝谈论或禁止点明的事物，以及某些谈话双方必须遵守的审慎原则，与其说是话语的绝对限制和与话语严格区分开来的另一面，不如说是在整体的战略中与所说出的事物一起作用的各种要素。这不是在所说出的内容与没有说出的内容之间作出明确的二元划分，而是必须去限定不去说出它们的不同方式，能够说出它们的人与不能说出它们的人是如何分布的。对于双方来说，什么样的话语是被允许的，或者应该如何小心行事，沉默并不是只有一种而是多种多样的，它们是支撑和渗透各种话语的总体战略不可分割的部分。

以18世纪的中学教育为例。总的说来大家会觉得，人们在校园生活中并不谈论性。但是只要看一眼学校的建筑分布、各种规训的条例以及所有内部的组织就足够了。这里不断会有性问题，建筑师们清楚地意识到这一点。学校的组织者们也一直考虑这一问题。校长们对此总是保持警惕，调整、预防措施以及惩罚与责任之间的相互作用不断地被提出来。班级的空间、课桌的形状、娱乐课程的安排、集体宿舍的分布（有没有间隔，有没有屏障）以及休息和睡眠的监督规则，所有这些都不厌其烦地涉及儿童的性。[①] 我们把学院所使用的，并且把在它的工作人员之中流传的话语称作学校的内部话语。我们从中能发现，性一直存在着，早熟而且活跃。但是问题还不仅于此，在整个 18 世纪，中学生的性比一般的青少年的性更加特别，成为了一种公众问题。医生们不仅向学校的领导和教师们提供他们的建议，并且为他们编写各种训诫、道德榜样或医学案例的书。这不仅是围绕中学生和他们的性，各种旨在建设理想的学校的训诫、观点、观察、医疗建议、门诊案例、改革蓝图和计划也不断出现。随着巴斯铎学说和德国博爱主义运动的开展，这种把青少年的性纳入话语之中的运动不断蓬勃开展。为此萨尔茨曼还建立了一所实验学校，其特点就是针对性的控制和教育，考虑非常周到，使得青年人的普遍罪恶无法在这些学校里出现。无论采取什么措施，孩子都不应该只是默不作声的对象，对于大人们为他们精心安排的一切，浑然无知。大家强迫他们接受一套很不理性的、有所节制的、符合规范和真实的性话语——一种话语矫正术。1776 年 5 月，在博爱学院

---

① 《公立中学的治安条例》（1809 年），第 67 条："在上课和学习的时间里，要有一位教师在教室外巡视，防止学生们出来大小便、休息和聚会。"第 68 条："在晚祷之后，教师要带领学生回到集体宿舍，让他们立即入睡。"第 69 条："教师们总是在确信所有的学生都已上床之后才能去睡觉。"第 70 条："各床之间要用两米高的屏障分隔开来，集体宿舍在夜间不得熄灯。"

举办了一次盛大的活动，堪称这方面的典范，这是青少年的性
与理性话语之间首次协调一致，其形式是考试、答题、花卉游
戏、颁发奖状和公布改进意见。为了显示对学生进行性教育的
成功，巴斯铎邀请了德国著名的人物（歌德是少数几个拒绝邀
请的人之一）。在这次公众集会上，一位名叫伏尔克的教授向
学生们提出了一些经过选择的有关性、出生和生育的神秘的问
题。他让学生们对有一位怀孕的妇女、一对夫妻和一个婴儿摇
篮的画作发表评论。学生们的回答有条不紊，毫不忸怩作态，
学生也没有发出放肆的笑声来干扰他们的回答，倒是那些比孩
子们还要孩子气的成年人发出了笑声。伏尔克对他们进行了严
厉的斥责。最后，大家向这些在大人们的面前用有限的知识编
织起话语和性的花环的、面颊丰满的孩子鼓掌欢呼。[①]

　　有人认为，教育机构大肆强迫人们对儿童的性、青少年的
性保持缄默，这种说法并不准确。相反，18 世纪以来，教育
机构使这一问题的话语形式更加微分化。它为性问题建立了不
同的切入点，它规范了说话的内容和说话者本身。谈论孩子们
的性，让教育者、医生、官员和父母谈论孩子们的性，或者向
他们谈论孩子们的性，让孩子们也谈论他们的性，把他们纳入
一个话语的网络之中。这些话语，时而让他们叙述，时而评论
有关他们的事情，时而强迫接受规范性的知识，时而从他们出

42

---

① 　J. 舒美尔：《淫秽控制论》（1776 年），转引自 A. 品洛克：《18 世纪德国
　　的教育改革》（1889 年），第 125—129 页。

发形成被他们遗忘的知识。所有这些都允许把权力的强化和话语的多样化联系起来。从18世纪以来，儿童的性和青少年的性成了一种重要的目标。围绕着它，人们调整了无数的机构化配置和话语战略。而且人们可能不让成年人和儿童用某种方式来谈论性。可能人们认为它过于直露、粗俗和荒唐，但是这也许是多样的、交叉的和等级化的话语起作用的交换条件。所有这些话语都围绕着一束权力关系而紧密地联系在一起。

我们还可以举出其他一些中心，它们从18世纪或19世纪就开始积极地激发各种性话语。首先是医学，它借助的是各种"神经疾病"；其次是精神病学，它开始是从"性过度"入手，然后是从手淫、性不满足、"生育舞弊"出发研究精神病的病因，而且，它还特别把全部性倒错都纳入自己的范围内；还有刑事审判，它长期以来与以"骇人听闻的"和违反自然的犯罪形式出现的性经验打交道，但是，到了19世纪中叶，它开始对轻度违法、未成年人犯罪、无足轻重的性倒错进行细致的审判。最后，在上个世纪末发展起来的所有这些社会控制，检查夫妻、父母、儿童、危险的与处于危险之中的青少年的性经验——着手保护、分离、预防，到处把各种危险标明出来，唤起人们的注意，呼吁人们作出诊断，提出成堆的报告，组织各种治疗活动；它们围绕着性，辐射出各种话语，强化人们对一种不断激发人们去谈论性的危险的意识。

1867年的一天，一位拉普库尔村的农业工人被告发。他头脑有点简单，一年四季在不同的地方打工，靠一点施舍和干苦活填饱肚子，夜里则住在谷仓或马厩里。有一天，他在田边得到了一位小姑娘的一些爱抚，这种事他以前做过，也看见同村的顽童们这么做过，即在树林旁或在通往圣尼古拉的路边排水沟里，人们随意地玩一种被称为"干酪奶"的游戏。结果，小姑娘的父母向村长揭发了他干的坏事，于是，村长向宪兵告发了他，宪兵又把他带到法官面前，法官控告了他，并把他首先交给一位医生，然后再把他交给另两位专家。这两位专家为他撰写了一份报告，并把它发表出来。① 这个故事有什么重要性呢？重要性就在于它的微不足道上。这一在乡村司空见惯的性经验，这些微不足道的林间野趣可能从某一时候开始，不仅成了集体不宽容的对象，而且成为法律行为、医疗干预、门诊检查和理论说明的对象。重要之处还在于，人们还测量了直到那时为止仍然是农民生活的一部分的这个人的头颅，研究了他面部的骨架，检查了他在体格构造上是否有什么变态的迹象；而且，人们还让他开口说话，审问他的思想、倾向、习惯、感觉和判断。最后，人们决定被告无罪，把他作为医学和认识的纯粹对象而终生关在马勒维尔医院里，但是由于对他的详尽分析，知识界都知道了他。我们可以肯定，就在这同一时期里，拉普库尔村的教师告诫这些小村民们净化自己的语言，不要大声地谈论这些事情。但是，这无疑是使得知识与权力的各

---

① H.博纳和J.布拉尔：《关于Ch.-J.茹伊的精神状态的医学—法律报告》，1868年1月4日。

种制度用它们庄重的话语来占领这个日常生活的小剧场的条件之一。因此，正是当今社会——而且毫无疑问是有史以来第一次——在这些永恒的举止、这些由头脑简单的成人与懂事的孩子相互交流的毫不掩饰的快感之上，建立了一整套说话、分析和认识的机制。

一边是热衷于写下自己的隐秘生活的独特故事的英国浪荡子，另一边是作为其同时代人的这个乡村傻瓜，他通过给小姑娘们几块钱，求得年长的女人所不愿给他的性安慰。在这两个人之间，一定存在着某种深刻的联系：从一个极端到另一个极端，性成了必须说出的某种东西，而且必须根据各种不同的限制性推论配置完完全全地说出来。无论是说悄悄的知心话，还是通过严厉的审问，文雅的或粗鲁的性都必须被说出来。因为制约这位英国无名氏和那位可怜的洛林农夫的是一个巨大的、多种形态的律令，而且历史又恰好让他名叫"茹伊"*（Jouy）。

从 18 世纪以来，性就不断地激发起一种普遍化的话语亢奋。而且，这些性话语的增多不是外在于权力或反对权力的；而是相反，性话语是在权力的范围之内，作为权力运作的手段起作用的。到处都有各种话语煽动，到处都有听取和记录的机构，到处都有观察、审问和表述的手段。人们揭发性，把它限制在一种话语存在中。从强迫每个人把他的性经验转变成一种

---

* 在法语中，"茹伊"（Jouy）一词的读音接近于"jouir"，其义为"享乐"和"达到性高潮"。在此，福柯借用了这两个词的近似读音，说明性的话语煽动。——译者注

永恒话语的独特律令，到在经济、教育、医学和司法中煽动、摘要、整理性话语和使之制度化的众多机制，我们的文明需要并组织了一个庞大的、滔滔不绝的性话语。也许，其他任何社会都不会在如此短暂的历史中累积出这么大量的性话语。我们谈论性也许比谈其他东西都多；我们热衷于做这件事。我们有一种奇怪的顾虑，认为我们没有谈够，认为我们太过腼腆和胆怯了，认为我们因为惰性和顺从掩盖了明显不过的证据，而且还认为我们总是回避了问题的关键，所以我们必须重新开始研究它。在性方面，我们的社会是最喋喋不休和最急不可耐的。

但是，这第一个粗略的研究表明，它研究的不是"一种"性话语，而是在不同的制度中起作用的一系列机制所产生的大量有关性的话语。中世纪围绕着肉体和忏悔实践的主题组织了一种非常单一的话语。最近几个世纪以来，这一相对统一的话语遭到了解体、分化、减少，而在人口学、生物学、医学、精神病学、心理学、道德、教育学、政治批判等领域里却出现了话语爆炸现象。更重要的是，在有关色欲的道德神学与坦白的义务（有关性的理论话语以及它的第一人称叙述）之间牢固的联系，即使没有断开，至少也松弛和多样化了。从18世纪以来，在理性话语对性的客观化与人人都努力说出自己的性的运动之间，出现了一系列的对峙、冲突、努力调整、企图重新记录。因此，我们不应该仅仅根据连续的扩张来讨论这一话语增长；我们必须从中看到这些话语中心的扩散、它们的形式多样化和维系它们的关系网的复杂分布。最近这三个世纪的显著特征，不是大家如何关心掩盖性，也不是语言上的过分羞涩，而是人们为了说性、让别人说性、让性自己说自己，为了听取、记录、抄写和重新分配性话语而发明的各种设施的变化和大扩散。围绕着性，形成了一张把性纳入到多样化的、特别的和强制性的话语之中的网络。在古典时代，人们必须说话得体，是否从此以后就出现了大规模的审查呢？其实这是一种对性的有规则的和多样性的话语煽动。

毫无疑问，人们会提出反对意见，认为如果为了谈论性就需要如此多的刺激作用和约束机制，那么这是因为存在着一个统治一切的基本禁令。唯有一些明确的需要——经济压力和政治利益——可能解除这一禁令，为性话语开放某些有限的和被小心规范的通道。这么谈论性，就需要建立如此多的约束机制以便让人们谈论性，但是必须是在一些严格的条件下，这难道只是证明性是隐秘的，而且人们试图继续维持这种局面吗？但是，我们必须经常探究的恰恰是这一论点，即性是在话语之外的，唯有削除障碍、取消秘密，才能打通直达性的道路。这一论点难道不是要求人们激发性话语的律令的一部分吗？难道不是为了激发人们去谈论性，为了让人们总是从头开始谈论性，人们才在现有的一切话语之外让性作为必须被揭发出来的秘密——性被迫保持缄默——闪闪发光，而且才会使得谈论性既是困难的，又是必须的，既是危险的，又是重要的吗？我们不应该忘记，基督教的教士守则通过把性当作必须被坦白的东西，从而一直认为性是令人不安的谜。性不是顽强地表现自身，而是四处躲藏，因为它说话声音低，经常伪装自己，所以人们可能对它的潜伏性存在充耳不闻。性的秘密当然不是激发人们谈论性的根本原因，无论这些话语煽动是想破除性的神秘，还是以模糊的方式通过性话语继续保持性的秘密。这涉及一个本身属于这些煽动机制的论点：一种要求人们谈论性的方式，一个对于性话语的无限增多的结构必不可少的寓言。现代 *49* 社会的特点不是把性隐藏起来，而是在强调性是"秘密"的同时，热衷于一直谈论性。

二

性倒错的插入

50
　　有人可能会提出反对意见，认为这种性话语的增多是一个
简单的数量现象和一种纯粹的增长，好像人们所说的一切都是
无关紧要的，好像人们谈论性的这一事实要比他们在谈论性的
同时被迫接受的各种律令形式更为重要。如果他这么认为，那
么他就错了。因为把性纳入话语的活动难道没有被赋予把不服
从严格的繁衍结构的各种性经验形式逐出现实之外的任务吗？
（即向不生育的性行为说不，把快感赶到一边去，减少或排除
不以生育为目的的各种性实践）通过如此众多的话语，人们增
加了对一些小小的性倒错的法律判决；人们把不合法的性行为
与精神疾病联系起来；人们给从儿童时期到老年的性发展提出
了一套规范，精心规定了所有可能的性异常的特征；人们还组
51
织了各种教育控制和医疗方法；围绕着那些最微小的怪诞念
头，道德家们特别是医生们收集了一套有关可憎事物或行为的
夸张语汇：这些难道不是为了以生育为中心的性经验，而消除

如此众多的不结果实的性快感所使用的许多手段吗？两三个世纪以来，我们围绕着性经验对这类七嘴八舌的关注所进行的热烈讨论，难道不是出于一种基本的担忧：确保人口密度、繁衍劳动力、维持社会关系的形式，简言之，就是规划一种经济上有用和政治上保守的性经验吗？

我还不知道这是否就是最终的目标。但是，人们不是试图通过减少性话语的方式达到这一目标的。19 世纪和 20 世纪其实是性话语增多的时代：各种性经验四处扩散，它们不相协调的形式得到了强化，各种"性倒错"成倍地插入进来。我们的时代首创了各种各样的性混杂。

直到 18 世纪末，三种条理清楚的重要法典——不包括各种习俗法则和舆论约束——才控制了各种性实践，它们是教会法、基督教教士守则和民法。它们各自确定了合法与非法的界限。然而，它们都是以夫妻性关系为中心的：夫妻的责任，完成它的能力，人们遵守它的方式，它附带的要求和暴力，以它为借口的无益的或不正当的爱抚，它的生育力或人们让它失去生育力的方式，人们需要它的时机（怀孕和哺乳期是危险的时期，封斋期或小斋期是禁期），性交次数的多少。所有这些都渗透着各种规定。夫妻的性受到各种规则和忠告的纠缠。婚姻关系是各种限制最集中的地方。人们到处谈论它；它必须详细地坦白交代，远甚于其他东西。它受到较大的监督：如有差错，它需要在见证人的面前袒露自己和证明自己。"其余的关系"则仍很混乱："鸡奸"没有明确的地位，或者人们认为儿童的性经验无关紧要，大家想想这些就可以了。

此外，这些不同的法典没有在违反联姻规则与生育偏差之间划出明确的界限。破坏婚姻法则或者寻求奇特的快感都应该受到谴责。在重罪的名单中，根据它们的重要性来分，有淫荡行为（婚外性关系）、通奸、诱骗、精神的或肉体的乱伦，还有鸡奸或相互"爱抚"。至于法庭，它能够给同性恋、不贞、没有得到父母许可的婚姻或兽奸定罪。在世俗领域里，就像在宗教领域里一样，人们考虑的是一般意义上的违法。无疑，"违反自然"被视为一种特别可憎的行为。但是，它只是被认为是"违反法律"的一种极端形式；它触犯了法令——这些法令与婚姻法令一样是神圣的，而且是为了控制事物的秩序和人们的规划而被确立的。有关性的禁令根本上具有法律性质。人们有时所依赖的这一"自然"还是一种法律。长期以来，双性人都是罪犯，或者是罪犯的后代，因为他们的解剖结构，甚至他们的存在搞乱了区分性别的和规范两性结合的法律。

18世纪和19世纪的话语爆炸让以合法联姻为中心的体系经历了两次变化。首先是相对于异性之间的一夫一妻制的离心运动。当然，性实践与性快感的领域仍然把它作为自己的内在规则。但是，人们愈来愈少谈论它，总之，人们是愈来愈有节制。人们不再捕捉性的秘密，也不要求它日复一日地说出来。性经验规范的合法夫妻应该更加审慎。他们的性生活是作为一种规范起作用的，这种规范也许更加严格，但却是缄默无声的。相反，人们追问的是儿童的性经验，是疯子和罪犯的性经验，是那些不喜爱异性的人的性快感，是性幻想、性顽念、轻微躁狂症或狂怒。这些情况过去几乎不为人所知，但是现在却要说出来，艰难地坦白自己。当然，人们没少谴责它们。但是，人们倾听它们；而且人们有时还根据这些外围的性经验，通过一种反馈的运动重新追问有规则的性经验。

由此，在性经验的领域里出现了一种"反自然"的特殊维度。与其他被谴责的形式（像通奸或诱拐，愈来愈少受到谴责了）相比，它们有着自己的自主性：近亲结婚或者鸡奸，引诱一位修女或进行性虐待，欺骗妻子或者奸尸，它们变成了本质上不同的事情。第六戒律所涵盖的领域开始解体了。曾在一个多世纪里作为行政管制的最常见的根据之一的"荒淫"这一含混不清的范畴在世俗范围内也瓦解了。从它支离破碎的片断中，一方面出现了违反婚姻与家庭法规（或道德）的行为，另一方面则出现了损害自然运作规则的行为（而且法律能够制裁这些损害行为）。也许，其中就有三个世纪唐璜的魅力未被消除掉的原因。在这位违反联姻法则的重要罪犯——偷香窃玉、勾引处女、给一些家庭带来耻辱、辱没别人的丈夫和父亲——之下出现了另一种人格：他身不由己带有十足的性疯狂。他还是浪荡子、性倒错者。他小心冲破了法律的束缚，但是，同时又有一种类似迷失方向的自然的东西让他远离了自然；他的死就是违法必究的超自然的力量对他的反自然的行为的报应。为了管理性，西方人依次地设想了两套庞大的法规体系——联姻法律和性欲秩序。唐璜就出现在它们共同的边界上，并且把它们都颠覆了。要想知道他是否是同性恋、自恋者或性无能者，我们还是让那些精神分析学家们去追问吧。

有关婚姻的自然法律与有关性经验的内在法则开始分别被记载下来，而且决不拖拖拉拉、含混不清。性倒错的世界被认为与违反法律或道德的行为有着共同之处，但不只是后者的变种。这一小批性倒错者是从过去的浪荡子中产生出来，尽管有些类似，但却是不同的。从 18 世纪末至今，他们在社会的夹缝中流窜，被追踪，但不总是被法律追踪，常常被关禁闭，但不总是被关进监狱，他们也许是病人，但却是难堪的、危险的牺牲品，受尽一种莫名其妙的罪恶（也被称为邪恶，有时叫做犯罪）的折磨。他们是太懂事的孩子、早熟的女孩、糊里糊涂的中学生、可疑的仆人和教师、残忍的或躁狂的丈夫、孤独的拾荒者、有着莫名冲动的闲逛者：他们出没在惩戒委员会、儿童教养所、感化院、法庭和收容所中；他们把自己的丑行告诉医生，把自己的疾病告诉法官。存在着无以数计的性倒错的家庭，这些性倒错者与犯人、疯子类似。一个世纪以来，他们一直带有"道德癫狂""生育神经官能症""生育感觉反常""变态"或"心理不平衡"的标签。

所有这些外围性活动的出现又意味着什么呢？它们不论何时都能出现这一事实是否表明规则放松了呢？或者，大家对它们十分关注的事实是否就证实了一个更加严厉的体制以及对它们采取严格控制的要求呢？从压抑的角度来看，事情就模棱两可了。如果我们想到针对性犯禁的法规在 19 世纪里已经大幅度地降低了它的严格性，以及正义经常让位于医学，那么其间就存在着宽容。但是，如果我们考虑到在教学或治疗过程中所实施的各种控制和监督机制，那么还存在着对法则严格性的巧妙补偿。此外，教会对夫妻性生活的干涉及其对非生育的"舞弊行为"的拒斥，两百年来已经大大丧失了它的坚定性。但是，医学在夫妻性快感中开始起作用：它创立了一种器质性的、功能性的或精神性的病理学，后者是从"不完全的"性实践中产生出来的；它还精心排列出从属快感的各种形式，把它们整合到本能的"发展"和"骚动"之中，并且着手管理它们。

也许，重要性并不在于宽容的程度或压抑的大小，而是在于权力运作的形式。当人们点出这种不同性活动的发展时，这是否指要把它们从现实中排斥出去呢？看来，权力在此的运作功能并不只是禁止。它涉及四种不同于简单禁止的运作。

1. 各种对血亲联姻的古老禁令（如此众多、如此复杂）或对不可避免的频繁发生的通奸的惩罚。从 19 世纪以来，人们借以确立儿童的性经验和追踪他们"孤僻的习惯"的各种最新的控制方式不属于同一个权力机制。不仅因为一方面医学与矫正有关，另一方面则涉及法律与刑罚，而且因为所实施的策略也不相同。从表面上看，这两种情况都旨在消除对象，尽管总是以失败而告终，但又会从头开始。然而，"乱伦"禁忌达成目的的方式是逐渐地减少它所谴责的对象；对儿童性经验的控制则是通过同时扩散它自身的权力和它所针对的对象来进行的，遵循的是一种可以达到无限的双重增长方式。教育者和医生们是把儿童的手淫作为一种人们力求消除的流行病来打击的。实际上，在这一让成人世界围绕儿童的性打转转的长期运动中，关键的是依赖于这些细腻的快感，把它们构成为秘密（即强迫它们掩藏起来，以便可以发现它们），然后跟踪追击，考察它们的前因后果，捕捉一切可能诱发或只是允许它们的东西。在它们可能表现自己的所有地方，人们都建立了各种监督机制，设置了强迫它们坦白的陷阱，给出了各种滔滔不绝的矫正话语；人们向父母和教师们示警，让他们怀疑所有的儿童都是有毛病的，而且，如果他们对此怀疑得不够的话，那么他们自己就有犯错的恐惧。人们让他们面对这一不断发生的危险保持警惕，人们规范了他们的行为和教学法。人们还在家庭中间制定了一整套的性医学的规章。儿童的"恶习"与其说是一个敌人，不如说是权力机制依赖的基础。人们可以把它作为恶来消除，但是一定会失败。这样热衷于一种徒劳的工作让人不禁怀疑是人们自己要求它继续存在，在可见的与不可见的夹缝中扩散开，而不是要它永远消失。在这一过程中，权力向前推进，增加它的中介效果，然而，它的目标却是向外扩展、自我分化和分岔，隐没在与它同步的现实中。表面上，这与一种阻碍机制相关；但是实际上，人们以儿童为中心布置了各种无边无际的渗透线（lignes de pénétration）。

2. 这一对外围性经验的新追逐引发了各种性倒错的新整合和一种对个体的新说明。鸡奸——古代民法或教会法中的鸡奸——是一种被禁止的行为；鸡奸者只是法律主体。19世纪的同性恋者成为了重要人物，他有自己的经历、历史与儿童时期，有自己的性格与生活方式；还有一种轻浮的体态和神秘的生理现象。他完全没有摆脱他的性经验。在他身上，性经验无所不在：它潜藏在他的一切行为之下，因为它是他的行为中无限活跃的潜在原则；它还毫无羞耻地出现在他的脸上和身上，因为它是一个总会泄露真相的秘密。它与他是同体共存的和不可分割的，与其说是一种日常的罪恶，不如说是一种特有的本性。我们不要忘记，在确立同性恋的心理学的、精神病学的和医学的研究范围时（威斯特法勒于1870年发表的有关"相反的性感受"的著名论文可以被视为这一研究的开端①），人们不是通过一种性关系，而是借助性感受的某种特性、颠倒男女性别的某种方式来规定同性恋的。当同性恋从鸡奸行为转向了一种内心双性人、一种精神双性人时，它就成了性经验的诸多表现之一。过去鸡奸者只是个别的异端，而现在同性恋者则成了一个种类。

　　19世纪的精神病医生们同样把所有这些轻微的性倒错分门别类，通过给他们取些稀奇古怪的教名，对它们进行昆虫学式的研究。其中有拉色格命名的暴露癖者、比纳命名的恋物癖者、克拉夫特·埃平命名的恋动物癖者和兽奸者、罗莱德命名的身体单性论者；后来还有混合窥视癖者、男子乳房发育症

60

―――――――
① 威斯特法勒：《神经病学档案》，1870年。

者、恋老癖者、性感倒错者和性交困难的女人。这些奇特的异端名字涉及一种自然本性，它为了回避法律而忘掉了自己，但是为了继续产生出各种类别的性倒错，它又恢复了记忆，甚至是在毫无秩序的地方。驱逐所有这些性反常的权力机制只有在让这种性反常成为一种可分析的、看得见的和永久的存在时才会要求消除它。这种权力机制让它进入身体的深处，潜入各种行为之中，让它成为分类和理解的原则，把它构成为存在的根据和混乱中的自然秩序。这是不是要排斥这些成千上万的反常性经验呢？不是，而是要对每一个反常性经验进行详尽的说明和局部的巩固。这就是要在播撒这些反常性经验的同时，在现实中布满它们，并且把它们纳入个体之中。

3. 与古老的禁忌相比，这种权力形式为了自身的运作更需要一些坚定的、专注的和好奇的人；它以接近他们为前提；它使用的方法包括检查与坚持不懈的观察；通过逼出坦白的提问和超出提问范围的隐情，它要求进行一种话语交换。它包含着一种身体的接近和各种强烈感受的相互作用。由此，对怪僻的性的医疗化处理同时既是结果，又是工具。性的各种古怪现象已经介入身体之中，成为个体的深刻特征，它们属于健康技术和病理学的范围。倒过来说，既然它成了医疗的或可以医治的对象，那么我们应该在机体之中、皮肤表面或行为特征中发现它的病变、机能障碍或症状。因此，控制性经验的权力必须紧贴着身体，注视着它们，强化它们的各个部位，它激活它们的皮肤，夸大它们的错乱。它把性的身体揽入怀中。无疑，这意

61

味着它的效能得到了提高，控制的范围扩大了。但是，这还意味着权力被感受，快感也获益匪浅。这就产生了双重的后果：一方面，权力在运作中被给予了一种冲动；另一方面，身体的兴奋又鼓励了监督它的控制，从而让权力扩张得更远。坦白得越深刻，就越能激发提问者的好奇心。人们发现快感又重新落入权力的控制之中。但是，对于回答者来说，如此众多的紧迫问题突出了他体验到的快感，人们都紧盯着这些快感，把它们区分并激活。权力是作为一种召唤的机制发挥作用的，它吸引、取出它所关注的这些稀奇古怪的东西。快感随着控制它的权力扩散，而权力则抓住刚才逼问出来的快感不放。医疗检查、精神病学的调查、教育关系、家庭控制提出的明确的总体目标，可能就是以向一切变动的或没有生育力的性经验说不。因此，它们是作为具有双重冲动的机制起作用的：一方面是快感，另一方面是权力。运用一种进行询问、监督、窥视、期待、发掘、触摸、揭发的权力，就会获得快感；另一方面，快感兴奋起来后，就会规避这一权力，逃避、愚弄或歪曲它。权力也让它追逐的快感侵犯自己。而且，面对快感，权力在自我表现、令人反感或抵抗的快感中表现了出来。这既是诓骗又是引诱，既是相互冲撞又是相互增强。从19世纪以来，父母与孩子、成人与青少年、教师与学生、医生与病人、精神病医生与歇斯底里症患者、性倒错者之间就没有停止过玩这种游戏。这些呼吁、规避和反复煽动就以性与身体为中心分布开来，在权力与快感之间形成的不是不可逾越的分界线，而是永恒的螺旋线。

4. 由此观之，这些性渗透的机制是19世纪社会空间和仪式的十分突出的特征。人们经常说近现代社会力图把性经验限定在夫妻——异性的和合法的夫妻——的范围内。我们还可以说，如果它没有创造出各种具有众多要素和循环性经验的类别，那么至少是精心安排了它们，让它们不断增加：其中有布置各种等级化的或相互冲撞的权力支点；"追踪"（即既想得到又要驱逐）各种快感；宽容或鼓励各种局部的性经验；把接近它们作为监督的方法，让它起着强化机制的作用；进行各种感应接触。拥有父母、儿童（有时还包括仆人）的家庭或一家人也是这样做的。19世纪的家庭真的是一夫一妻制和婚姻的基本单位吗？也许在某种程度上是这样。但是，它还是快感与权力通过众多的点和各种可变的关系连接起来的网络。成人与儿童的区分、把父母的房间与孩子的房间分在两端（当19世纪的人们开始建造大众住房时，它成了必须遵守的准则）、男孩与女孩的相对隔离、关心乳儿的严格规定（母乳喂养、卫生保健）、对儿童性经验的警惕、手淫被认为具有各种危险、青春期的重要性，向父母建议的各种监视的方法（鼓励、隐秘和恐惧），还有既被人强调又令人担心的仆人的存在，所有这些让家庭（甚至是最小的家庭）变成了一种充斥许多破碎的和变动的性经验的复杂网络。把以上这些性经验都限定在夫妻关系的范围内，哪怕是以禁欲的方式把夫妻关系投射到儿童身上，这样做就不可能了解到这种机制，即相对于这些性经验来说，它不是禁止的原则，而是煽动与增加的机制。从家庭的角度来看，具有大量人员、等级制、特定空间布置和监督体系的各类学校或精神病院形成了另一种安排权力与快感相互作用的方式；但是，它们使用特殊的空间间隔或惯例，把性高度饱和的地方规划为教室、宿舍、客厅或门诊处。其中，各种非婚的、非异性之间的、非一夫一妻制的性经验形式会被引发和固定起来。

19世纪的"资产阶级"社会是一个有着明显性倒错的社会，至今，我们的社会仍然如此。这不是虚伪的说法，因为没有什么比性倒错更爱表现和啰嗦了，更明显地被话语和社会机构所控制。这不是因为社会为了建立防止性经验的一个过于严格或过于普遍的大坝，情不自禁地产生出性倒错和对性本能进行长期的病理学研究。确切地说，这里关键的是社会用来对身体和性发挥作用的权力形式。而且，这一权力既没有法律的形式，也不产生禁止的效果。相反，它旨在减少各种怪僻的性经验。它不限定性经验的范围；它沿着各条无止境的渗透线追踪和延伸各种不同形式的性倒错。它并不排除性倒错，而是把它纳入身体之中，作为详尽说明个体的方式。它也不寻求规避性倒错，而是通过快感与权力相互增强的螺旋线引发它的各种变化。它不设置障碍，而是提供最大限度地生产性倒错的地点。它生产不和谐的性经验，并且把它固定下来。近现代社会是性倒错的社会，这不是无视它的清教主义，也不是它的虚伪所造成的；它确实地和直接地是性倒错的社会。

首先，它确实是性倒错的。许许多多的性经验——随着年龄增长而出现的性经验（乳儿或儿童的性经验）、热衷于某些性癖好或性实践的性经验（性倒错者、恋老癖者、恋物癖者……）、围绕着各种关系以冗长的对话方式出现的性经验（在医生与病人、教师与学生、精神病医生与精神病人关系中的性经验）、出没在各种社会场所中的性经验（家庭、学校、监狱中的性经验）——是与权力手段密切相关的。我们不应该设想当人们赋予唯一能够繁衍劳动力和家庭形式的性经验形式调节作用时，所有这些至此仍被宽容的性经验形式吸引了人们的注意，被人看不起。这些形态不一的性行为确实来自人们的身体及其快感。或者，确切地说，它们是在后者之中得以巩固的；它们受到许多权力机制的召唤、揭示、区分、强化和整合。性倒错的增长不是困扰着谨小慎微的维多利亚时代的人的一个道德主题，而是一种权力形式干预身体及其快感的真实结果。也许，西方人没有能力创造新的快感，而且他们也没有发现新的恶习。但是，他们为权力与快感的相互作用界定了新的规则：性倒错凝固的面孔在此已经被描绘了出来。

其次，它直接是性倒错的。众多性倒错的这一插入不是性经验向强加于一种过分压抑的法则的权力进行的报复与嘲弄，更不是各种反常的快感形式转向了权力，从而以"必须忍受的快感"形式来包围权力。性倒错的插入是一种目的与手段的复合体（un effet-instrument）。正是通过区分、强化和巩固各种外围的性经验，权力与性、快感的各种关系就分离、增多起来，它们测量身体，渗入各种行为之中。而且，随着权力的这一推进，按照一定年龄、地点、癖好、性活动撒播开的各种性经验也就固定了下来。一方面，性经验通过权力的扩张得到了增加；另一方面，这些局部的性经验个个都为增大的权力提供了干预的空间：特别是从 19 世纪以来，权力与性经验之间的这些相互关联得到了无数经济利益的保障与替换；这些经济利益则通过医学、精神病学、卖淫和淫秽书画的中介，同时与不断微分化的快感和不断增大的控制快感的权力挂上了钩。快感与权力既不相互取消，也不相互反对，而是相互追踪、相互重叠和相互激发。它们根据各种既复杂又积极的激励与煽动机制相互连接。

因此，我们必须抛弃近现代工业社会开启了一个性压抑不断增长的时代的假说。我们不仅目睹了各种反常性经验明显地爆发出来，而且，尤其重要的是，一种迥然不同于法律的机制，尽管它还局部地依靠各种禁止手段，却透过彼此关联的机制网络，确保了各种特殊的快感和不同的性经验不断增多。据说，从来没有一个社会能比我们的社会更羞羞答答的了，也从来没有哪些权力机构这样小心翼翼地假装不知道它们禁止的对象，好像它们不愿与它有任何共同之处。但是，经过初步的研究，我们发现了相反的事实：从来没有一个社会比今天的社会设立过更多的权力中心，从来没有一个社会比今天的社会更加明确地反复强调对性的关注，从来没有一个社会比今天的社会在权力与快感之间建立更多的接触和循环的联系，从来没有一个社会比今天的社会拥有更多的中心，其中，激烈的快感与固执的权力相互激发，不断扩张自己的领地。

第三章

性科学

如果大家同意以上两点，我想大家也会说三个世纪以来关于性的话语不是稀少了，而是增多了；如果说它自身带有禁令和忌讳，那么它还从根本上确保整个性倒错的强化和引进。这一切在本质上只是起到了一种防卫作用。大家这样谈论性话语，发现在引入性倒错的同时它已经释放缓解、分离，其实这只是在掩饰性：用话语作掩护，在回避性的同时传播性。至少在弗洛伊德之前，关于性的话语——包括学者和理论家关于性的话语——也是一再对自己谈论的对象遮遮掩掩。我们可以利用所有这些言谈的对象、细小的设防和详尽的分析，从中一步步地勾勒出难以忍受的和非常危险的性真相。大家要求根据纯洁的和中立的科学观点谈论性，这一事实本身就很有意思。事实上，这是一门懂得如何规避的科学，因为在无法或拒绝谈论性本身时，它特别关注性的偏差、倒错、特殊的反常、病理

学无法对付的障碍和严重的病态。这同样是一门本质上服从于道德律令的科学，它是以医学规范的形式重复了这些道德律令的。它以说真话为借口，到处引起恐惧。它把影响一代代人的、臆想出来的罪恶王朝归因于性的稍许波动。它向全社会证实羞怯之人的偷偷摸摸的性习惯和最冷僻的小小性怪癖都是危险的。它还认为在享受奇特的性快感之后就是死亡：个体的死

亡、一代代人的死亡和人类的死亡。

它因此与一种立场坚定却又会泄露真情的医学实践联系在一起，不停地表白自己的厌恶之情，急于得到法律和舆论的支持，它宁愿听命于秩序的权威，而不顺从于真实的要求。在最好的情况下，它不由自主地表现出率真，但是在大多数情况下，它甘愿自欺欺人，与自己斥责的对象沆瀣一气，既不可一世，又卖弄风情。它留下了一整套病态的淫猥话语，这是19世纪末的特点。像伽尔尼耶、布耶、拉杜塞特这些法国医生都是没有名气的淫猥话语的记录者，而罗里纳则是色情诗人。但是，在这些暧昧的快感之外，它还要其他权力。它把自己打扮成健康律令的最高权威，在新的防菌主题下，重提过去对性病的恐惧，同时收集进化论者的伟大神话，把它们与最近的公共卫生制度扯在一起。它声称要确保社会团体的身体活力和道德特性，许诺淘汰有性缺陷的人、变性的人和性退化的人群。它还借口生物学的和历史的迫切要求，证明国家种族主义是正当的和迫在眉睫之事，并且把它们植根于"真理"之中。

一旦比较这些人类性经验的话语和同时代的有关动物或植物繁衍的生理学，我们会立即发现两者之间的差异。它们在基本理性方面显得单薄，谈不上有什么科学性。在知识的历史发展中，它们被单列出来。它们形成了一个混乱的奇特区域。在整个19世纪里，性内在于两种完全不同的知识记载中：一类是有关生物繁衍的生物学，它依据普遍的科学规范不断地向前发展；另一类是性医学，它服从的是与前者完全不同的构成规则。在这两类知识之间，没有任何交流和相互建构。与第二类知识相比，第一类知识只是扮演着虚幻的遥控角色：一种整体担保。在这种整体担保的庇护下，各种道德障碍、经济的或政治的抉择和传统的恐惧都能够再次被写入统一和科学的词汇之中。这一切就好像存在着一种对有关人类的性及其相互关系和影响的理性话语的根本抵制。这种水平差意味着这种话语的目的不是说出真相，而只是阻止真相在此出现。对于生物繁衍的生理学与性医学之间的差异，我们不能仅限于认识到一种科学不平等的发展或一种理性形式的水平差，还必须看到另一点。前者属于一种支持西方科学话语体制的宏大的认知意志，而后者属于一种非认知的僵化意志。

不可否认的事实是，19 世纪有关性的学术性话语不仅浸透了天真和轻信，还有一贯的盲目：拒绝睁眼看和倾耳听。但是，它拒绝去看、去听的东西其实已经被大家展现出来了，或者已经被我们说出来了。因为它只是没有认识到与真理的根本关系的基础。规避、阻止进入真理以及遮掩真理：这许多局部的策略通过遮遮掩掩和最后关头的迂回，赋予认知的本质意志一种吊诡的形式。不愿认识，这也是求真意志的一次变故。夏尔科的萨尔佩特里耶精神病院是一个例证：这是一部庞大的观察装置，有检查、询问和实验的功能，但是它还是一台煽情设备，可以当众表演，有着小心借助乙醚或戊基硝酸盐来表演病情发作仪式的场所，有着对话、接触、抚摸和医生用一个手势或一句话所引发或抹去的姿势之间的相互作用。它还有着一群等级森严的人员，他们窥伺、组织、倡导、记录和报告，累积了一个金字塔般的庞大的观察记录与文件库。然而，正是在这种对话语和真理的长期煽动的背景下，误解机制开始起作用了。因此，一旦在公开咨询中碰上"那个"问题，夏尔科就用手势打断谈话；而且，顺着那些记录病人们对性的叙述和演示，以及医生对性的观察、探询和诱导的卷宗，我们经常会发现有关性的内容逐渐被抹去，那些公开发表的观察记录更是完全略去了有关性的内容。① 在这一历史中，重要的不是这些人对性视而不见或充耳不闻，也不是他们诊断错误，而是他们围绕着性和针对性建立起了一个规模庞大的展示真相的机器，尽管它在最后关头又会掩盖真相。换言之，重要的是，性不仅仅是有关感受和快感、法律或禁忌的事情，还是有关真与虚的事情。性的真相成了本质的、有用的或危险的、珍贵的或可怕的东西。简言之，性已经被构成为一种真相博弈。因此，需要弄清楚的不是弗洛伊德或其他某个人发现的新的理性入门，而是19世纪留给我们的这一"真相与性的相互作用"的逐渐成形

_76_

---

① 例如参见布尔纳维勒：《萨尔佩特里耶精神病院的图片集》，第110页及以后各页。我们还可以在萨尔佩特里耶精神病院里找到夏尔科未整理的医疗手记，它们比起公开发表的文献，在这一点上要清楚得多。煽情和省略的相互作用在此清晰可见。这里有一段记录1877年11月25日诊治过程的手稿。对象是一个正在挛缩发作的女精神病人，夏尔科先用手、后又拿棍棒的一头顶住她的下部性器官，从而止住了病人的发作。不过，一旦他抽回棍棒，病人又复发作，于是他让病人吸入戊基硝酸盐来加速发作。这样，病人就恳求性棒，言辞间毫无掩饰，她说："有人把发狂得以继续的阳具拿走了。"

（和转型），虽然我们对它有所改变，但是这丝毫不能证明我们已经摆脱了它。误解、规避和迂回只在这一说出性真相的奇特事业的基础上才是可能的。这一事业不是起始于19世纪，尽管那时的"科学"规划已经赋予它一种独特的形式。相反，这一事业是一切变态的、天真的和狡黠的话语的柱石。长久以来，性知识似乎一直陷在这些话语之中。

＊

在历史上，存在着两种展示性真相的宏大程序。

一方面，像中国、日本、印度、罗马、阿拉伯—穆斯林等许多社会，都有一套"性爱技艺"（*ars erotica*）。根据性爱技艺，真相是从快感中提取的，它被理解成实践和经验。理解快感不是从一种允许和禁止的绝对法则出发，也不是以有用性为标准的，而是首先对快感自身而言，根据快感的程度、特定的质量、延续的时间和在身心中的影响来认识快感。为了从内部煽动和扩大性的影响，这一知识最好应该逐渐地返回到性实践中。因此，这就构成了一种必须保密的知识，不过，它保守秘密不是因为对其对象不名誉的猜忌，而是出于最大限度地保留它的必要，因为根据传统，一旦泄密，它就会失去影响和价值。这样，与掌握秘密的大师的关系就成了举足轻重的事情了；只有他才能够用秘密传授的方式引导弟子逐步接受性知识及其严肃性。这一传授技艺所产生的功效比起让弟子照着他的单调乏味的秘诀去做要大得多，它应该会让弟子恍然大悟，从而获得老师赐予的恩惠：绝对控制肉体、独一无二的愉悦、忘却时间和限制、获取长寿的配剂、驱除死亡及其威胁。

至少，根据这第一种途径，我们的文明没有"性爱技艺"。相反，它是唯一实行"性科学"（*scientia sexualis*）的文明。或者，确切地说，为了说出性真相，它在许多个世纪中发展出一套套纳入不同于密授艺术和传授秘密的权力—知识的严格形式之中的程序：它看重的只是坦白。

至少，从中世纪以来，西方社会一直把坦白作为人们期盼真相展现的主要仪式之一。1215年拉特兰会议颁布的忏悔圣事的管理条例和随后忏悔技术的发展，在刑事审判中诉讼程序的衰落、罪状考验（誓言、决斗和神意裁决）的取消和审问与调查方法的进步，皇家行政管理愈来愈多地介入违法案件的审查以致牺牲了私下和解的做法，还有宗教裁判所的建立，这些都促进了坦白在世俗权力和宗教权力的秩序中发挥核心作用。"坦白"一词及其司法作用的演变就表明了这一点：通过"坦白"，其他人就赋予坦白者社会地位、身份和价值，换言之，"坦白"就是一个人确认自己的行为或思想。长久以来，个体是通过其他人和表明与其他人的关系（家庭、忠诚、保护）来证实自己的，然后大家根据他能够或应该谈论他自己的真实情况的话语来确认他。坦白真相已经内在于权力塑造个体的程序之中。

不管怎样，从各种考验的仪式、传统权威作出的保证、见证以及观察和演示的学究程序来看，坦白在西方已经成为了最受重视的展现真相的技术之一。从此，西方社会成了一个特殊的坦白社会。坦白的影响无处弗届：在法庭上，在医学中，在教学中，在家庭关系中，在恋爱关系中，在最平常的关系中，在最庄重的仪式上。大家坦白自己的罪行，坦白自己的罪恶，坦白自己的思想和欲望，坦白自己的过去和梦想，坦白自己的童年，坦白自己的疾病和不幸。大家还努力准确无误地说出难言之隐，公开地或私下地向自己的父母、教师、医生和爱人坦白。至于无法向他人启齿的快感和痛苦，大家会自我独白，或者写进书中。大家坦白，或者被迫坦白。当坦白不是出自自愿，或者是出于某一内在命令使然，那么它就是被迫的，即大家把它从隐蔽的精神中或肉体中强行驱赶出来。中世纪以来，拷问就像阴影一样伴随着坦白，当坦白者想回避时，拷问就会助其回答：这是一对黑色双胞胎。[①] 像最温柔的慈爱一样，最血腥的权力也需要忏悔。西方人已经变成了坦白的动物。

　　无疑，这也在文学中引起了某种变化：人们从以英雄叙事或"考验"勇敢和健康的奇迹为中心的叙述和倾听的快感转向了一种以从自我的表白出发无止境地揭示坦白无法达到的真相为任务的文学。由此产生了另一种哲学思考的方式：不仅在自我之中，在某个被遗忘的知识中，或者在某一原始的踪迹

---

① 希腊法律已经把拷问和坦白联成一对，至少对奴隶是如此。罗马帝国的法律扩大了它的应用范围。这些问题将在《真理的权力》中被再次提出。

中，而且在对自我的拷问中探寻与真理的根本关系，因为对自我的拷问可以通过许多瞬间印象给出基本可靠的意识，现在，坦白的责任从许多不同的角度被传递给我们，从此它与我们深深地融为一体，以致我们不再视之为约束我们的权力所为。相反，我们以为，作为我们自身秘密的真相"要求"的只是展现出来。如果它达不到这一点，那么这是因为有一种压抑约束了它，这种权力以暴力压迫它，它要最终被坦白出来，只能付出一种解放的代价。一旦被坦白出来，权力也就默不作声了。真相并不属于权力秩序，而是处于一种与自由的原始亲缘关系之中。这些都是"真相的政治史"必须推翻的哲学的传统主题。它指出真相本质上不是自由的，谬误也不是；真相的展现完全浸透了权力关系。坦白就是一个例证。

为了让对言论和思想的审查和禁止起到基本作用，我们必须用这种坦白的内在技巧来约束自己。为了相信我们自由地谈论长期以来在我们的文明中一再被重复的必须说出我们是谁、我们做了什么、我们记忆所及、我们遗忘的内容、我们掩盖的内容、被掩盖的东西、我们没有考虑到的对象和我们不想思考的对象的重要律令，我们必须形成一种颠倒的权力表象，这是一代代西方人从事的巨大工作，旨在造成——其间，其他形式的工作都是为了确保资本的积累——人们的奴性。我的意思是指，它把人们塑造成具有双重意义的"sujets"（臣民和易患病的人）。我们可以想见，在13世纪初叶，要求全体基督徒遵守每年至少一次的跪下忏悔自己一切错误的律令是多么过分。

81

我们还想到，七个世纪之后，一名不知来历的支持者到深山里投奔塞尔维亚抵抗组织。他们的首领要求他写出自己的生平。当他拿着几页皱巴巴的纸，在黑夜中潦潦草草地写完之后，塞族人连看也没看，只是对他说："重新开始吧，说出真话。"那么，大家非常强调的著名的语言禁忌真的必须让人们忘掉这一坦白的千年桎梏吗？

然而，自从基督教忏悔出现之后，直到今天，性是忏悔的首要内容。也就是有人说的隐私。但是，它是否就是大家以非常特殊的方式坦白出来的东西呢？是否掩盖性的责任只是坦白性的义务的另一面（愈是精心掩盖性就愈显得坦白性是非常重要的，就愈是要求一种严格的坦白仪式和保证产生决定性的影响）？在我们的社会里，从近几个世纪的发展来看，性是否就一直处在从未变质的坦白体制之中呢？我们在前面谈到的把性纳入话语之中和性反常的播撒与增强也许是同一机制的两个要素。因为其中心要素坦白是真诚地叙述性的特殊性，所以这两个要素就借助坦白连接起来。在希腊，真相和性是通过身体之间传递重要知识的方式在教学法形式中联系在一起的，性是传授这些知识的工具。但是对于我们来说，真相和性是通过必须详尽地说出个人隐私的方式在坦白中联系在一起的。但是这一次，却是真相充当性及其展现的工具。

但是，坦白是一种话语的仪式，说话主体与叙述内容的主体是一致的。它也是一种在权力关系中展现自身的仪式，因为我们坦白时至少要有一位说话对象，他不仅是对话者，而且还是督促坦白、强迫坦白、鉴定坦白和介入坦白，以便评价、惩训、原谅、安慰和调和坦白者的权威。在坦白仪式中，真相是从为了表现自己而必须扫除的障碍和抵制中证实自己的。最后，在坦白仪式中，唯一的陈述活动是独立于它的外在后果的，它在陈述主体那里引起了内在的变化：它宣布他是无罪的，它让他赎罪和变纯洁了，它让他减少了自己的错误，它让他自由了，它许诺他获得了拯救。在许多世纪里，性的真相至少本质上是处于这一话语形式之中的。它不再处于教育形式之中（性教育局限于各种普遍的原则和审慎的规则），也不再处于知识传授的形式之中（这本质上仍然是一种对性保持沉默的实践，而且小孩懂事或者少女失去贞操的活动只是让这种沉默成为笑料或者野蛮的东西）。不难看出，这种形式是与管理"性爱技艺"的形式相去甚远的。在内在于自身之中的权力结构的支配下，坦白话语无法像在"性爱技艺"中通过师父的最高意志自上而下，而是来自下面，像一种被迫的交代，听从某个强制性的命令，开启了压抑或者遗忘的封条。话语认定的隐私与它必须说出的对象的高昂代价、少数安心享用它的人是无关的，而是与话语不为人知的狎昵及其一般的猥淫分不开的。它的真理不是由权威和它所传承的传统来担保的，而是由说话者与说话内容之间的联系和话语属性决定的。相反，控制的权威不是在说话者的一边（因为他是受到限制的），而是在屏息聆听者的一边，不是在知道和做出回答的人的一边，而是在不去了解而去质询对象者的一边。这种真理话语最终不再对接

84

受话语的人，而是对摆脱话语的人产生了影响。我们和这些坦白出来的真相一起远离了有关快感的知识传授及其技艺与神秘主义。我们也不再属于一个把性的深奥知识纳入密授之中的社会，而是属于一个围绕着隐私的缓慢泄露来获得关于性的深奥知识的社会。

*

直至今日，坦白一直是支配真实的性话语生产的基础。不过，它已经历了巨大的变化。长期以来，它一直被紧紧地束缚在忏悔的实践之中。但是从清教主义、反宗教改革运动、18世纪的教学法和 19 世纪的医学出现以来，它逐渐地摆脱了自身仪式的局部化和专一性，向四处传播。人们把它运用到一系列的关系上：儿童与父母、学生与教师、病人与心理医生、犯人与专家的关系。在大家的眼里，坦白的动机和结果已经多样化了，其形式也是如此：有拷问、咨询、自传、书信等。它们被记录、抄写、收集在文件中，发表和评论。但是坦白如果不是向其他领域敞开，那么至少是向浏览其他领域的新的方式敞开。它不仅仅是要说出性活动是怎么一回事，还要在它之中和围绕着它恢复解释它的思想、伴随它的观念、印象、欲望、内在于它之中的快感变化及其特性。毫无疑问，社会第一次倾向于煽动和理解个体快感的隐私。

于是，坦白的步骤向四处播撒，它们的限定呈多样分布，它们的范围也扩大了：它逐渐地构成了一种性快感的庞大档案馆。长期以来，这个档案馆随着自身的建成不断地被忘却。它不留痕迹（基督教的忏悔就是这样要求的），直到医学、精神病学和教学法出来把它巩固起来为止：先是康帕和萨尔兹曼，随后卡恩、克拉夫特·埃平、塔尔迪厄、摩勒、哈维洛克·埃利斯小心地收集了所有有关性反常的平庸抒情诗。这样，西方社会开始对它们的快感进行没完没了的记录。它们为此建立起各种标本，并且加以分类。它们还把日常缺陷描写成奇怪的现象或者是激化的结果。这是一个重要的时期。当然，嘲笑 19 世纪的精神病学家并不难，因为在描述"道德犯罪"或"遗传器官的偏差"时，他们又强调他们要为不得不说出的恐怖事情道歉。而我却想向他们的严肃性表示敬意：他们具有历史事件的意义。在这一时期里，最独特的快感都被要求去掌握有关自身的真实话语，后者必须与谈论身体和生命的话语——科学的话语连接在一起，而不再与谈论罪恶和拯救、死亡与永恒的话语连接在一起。于是，发生了语言地震，产生了一种不可能的事物：一种坦白科学（une science aveu），一种依靠坦白仪式及其内容的科学，一种以这种多样的和固执的强迫索取为前提的、以坦白说不出口之事为目标的科学。当然，这是令人难堪的。当科学话语必须承担起所有这些低级话语时，人们不论在什么情况下都会厌恶在 19 世纪里被高度制度化的科学话语。还有理论上和方法上的悖论：对构成一种主体科学的可能性、内视的有效性、生存的自明性或意识的自我存在的冗长讨论无疑回答了在我们的社会中真理话语的功能的内在问题。即我们能够把根据古老的法律—宗教的坦白模式的真理生产与根据科学话语的规则对隐私的强迫索取衔接起来吗？我们同意有些人认为的，性真相在19世纪里通过一种可疑的障碍机制和一种话语的核心缺陷被空前严格地忽略了。这里，缺陷不再是指话语的缺乏，而是指太多的话语，即话语的不断增加与重复，不论在什么情况下，它都介入两种真理生产的样式之中：坦白的步骤和科学的推论。

87

因而，我们最好是不再统计19世纪使得性真相的话语得以增加的错误、幼稚和道德说教，而是弄清这种对性的认知意志（它规定了现代西方人的特性）让坦白仪式在科学调节的图式里发挥作用的步骤：我们是怎样最终使科学的形式成为这种巨大的和传统的性坦白的强制要求的呢？

1. 通过一种"让人开口说话"的临床规范：把忏悔与检查连接起来，把自我叙述和一整套可以辨识的符号与症状连接起来，把审讯、严谨的调查表、催眠与重复回忆、自由联想连接起来。这些方法都是把坦白程序纳入广为接受的科学观察的范围之内。

2. 通过一般的和播撒的因果关系公设：必须坦白一切和能够拷问一切，这两者是根据性被赋予一种取之不竭的和多样的因果权力的原则来证实自己的。性行为中最隐秘的事情——意外的或越轨的，匮乏的或过度的——被认为能够在生活中引起各种各样的结果。在19世纪，没有什么疾病或身体不适不

88

被认为与性这个病因有着部分关系。从儿童的坏习惯到成人的肺结核，从老年人的中风到神经病和种族的退化，那时的医学勾勒出了一个性因果关系的网络。在我们看来，这可能是奇思怪想。但是，性是"所有事情的原因"，这一原则却是一种技术要求的另一方面：即在一种科学实践中启动坦白的各种手段，而且，这种坦白必须让人小心翼翼地和不断地说出一切。性自身带有的无穷无尽的危险表明了人们应该对它进行详尽的审问。

3. 通过性经验具有潜伏性的原则。如果必须用坦白的技术来揭示性的真相，那么这不仅因为它难以说出口，或者担心丢面子，还因为性的作用本身就是缄默的，它的本性是逃避，它的效能与它的机制一样，是避人耳目的。而且，它的诱发能力（son pouvoir causal）部分是秘密的。19 世纪在把性整合到一种科学话语的计划之中的同时，对坦白进行了改动。坦白的目的不再只是着眼于坦白者想要掩饰的内容，而是揭露连坦白者自己也一无所知的秘密，但是要做到这一点，只能一点一点地通过审问者与被审问者共同参与的坦白活动。性经验具有潜伏性的这一原则容许人们在科学实践的基础上确定难以启齿的坦白中的约束力。我们必须尽力把它揭露出来，因为它深藏不露。

4. 通过解释的方法。如果必须坦白，这不仅因为听取坦白的人具有原谅、安慰和指导的权力。若是想让揭示真相的工作具有科学可靠性，那么这种工作必须依靠这种坦白的关系。

　　　　　　　　　　　性经验史第一卷：认知的意志

真相并不只存在于独自揭露真相的坦白者之中。真相是由两个方面构成的：真相存在于坦白者那里，但是不完全，而且他自身是盲目的，真相只有通过倾听坦白的人才能完全表现出来。这就是让听者来说明这种晦涩事实的真相：他必须在坦白所揭露的内容上加上对自己所说的一切的解释。倾听者不仅仅是宽恕错误的老师和判定有罪或无罪的法官，还是掌握真相的人。他的作用就是解释。对于坦白而言，他的权力不仅仅是在坦白结束之前提出要求或在坦白之后作出评判；他还要通过解释坦白，建立一套真相话语。在 19 世纪里，人们不再把坦白当作一种考验，而是作为一个符号，而且把性经验当作某种需要解释的东西，从而有可能在有规律地产生科学话语的过程中启用各种坦白的方法。

90

5. 通过坦白效果的医疗化。获取坦白及其效果还被赋予了治疗形式。这首先是指，性的领域不再仅仅局限在错误与罪恶、过度或违禁的范围之内，而是处在正常与病态的规范体制（这只是次序的改变）之下。人们首次确定了由性引发的疾病的病因。性似乎是一个极易发生病态的领域：它不仅是其他疾病的回音壁，而且还是区分本能、倾向、想象、快感和行为的中心。这还意味着，坦白在各种医疗干预中获得了它的意义和必要性：它是医生所要求的，对于诊断是必要的，而且在治愈疾病中是有效果的。如果让掌握真相的责任人及时地把真相向恰当的人讲清楚，那么真相就把病治好了。

让我们选几个重大的历史标志来看看：我们的社会在与

传统的"性爱技艺"决裂后，建立了一门"性科学"（*scientia sexualis*）。确切地说，它的目的是要产生出各种有关性的真实话语，而且同时艰难地把古代坦白的方法转变成科学话语的规则。从19世纪开始发展起来的"性科学"，一反常态地把有关详尽的强制忏悔的独特仪式作为自己的核心，而这一仪式恰恰是在基督教的西方世界中产生性真相的第一个手段。19世纪以降，这一仪式逐渐摆脱了忏悔圣事，而且经过灵魂导向和良心指导——"道德手段"（*ars artium*）——转向了教育学、成人与儿童的关系、家庭关系、医学和精神病学。总之，一百五十年以来，一种旨在产生各种真实的性话语的复杂机制被建立了起来。这一机制大幅度地横跨历史，因为它把古老的坦白律令与临床听诊的方法连接了起来。而且，正是通过这一机制，"性经验"才可能表现为性及其快感的真相。

"性经验"是与"性科学"这一缓慢发展起来的话语实践相关的。这一性经验的各种基本特征并不在于它们说明了一种多少为意识形态歪曲了的表象或一种由禁忌造成的无知；它们对应于各种必须产生性真相的话语的功能性要求。在坦白技术与科学话语的交叉点上——其中，我们必须在两者之间找出某些重要的调整机制（聆听的技术、因果性的公设、潜伏性原则、解释的规则、医疗化的律令）——性经验被界定为"本性上"是一个容易受到各种病理过程感染、因而要求治疗或规范的领域，一个需要解释的意义场，一个被各种专门机制所掩盖的凸点，一个包含各种不确定因果关系的焦点，一种必须揭露

性经验史第一卷：认知的意志

和聆听的晦涩言语。这就是话语的"结构"，我指的是它们固有的技术、必要的作用、所使用的策略、依靠它们来承载自己的权力的效果。这并不是一种规定话语内容的基本特征的表象体系。性经验史——即有关真理的一个专门领域在19世纪发生作用的历史——首先必须从话语历史的角度来研究。

让我们提出这一研究工作的一般假说。18世纪发展起来的社会——我们喜欢称之为资产阶级的、资本主义的或工业的社会——并没有从根本上拒绝承认性。相反，它使用一套机制来产生有关性的真实话语。它不仅大量谈论性，强迫每个人谈论性，而且有条理地说出性的真相来。好像它怀疑性藏有一个致命的秘密。好像它需要制造这种真相。好像性不仅要被纳入快感结构之中，而且还要整合到秩序井然的知识体制中，而且这对资本主义社会来说是必不可少的。这样，性就逐渐地成为了主要怀疑的对象，成了不以我们的意志为转移的、贯穿在我们的行为和一生中普遍的和令人不安的观念，成了疾病得以威胁我们的脆弱之处，成了我们每个人都有的阴暗的部分。性具有普遍的意义和一般的秘密，它是无所不在的原因，不断让人恐惧。因此，在这个性"问题"（有两个含义，既要求询问和质疑，又要求坦白和整合到理性的范围内）中，发展出两个总是相互呼应的方法：我们要求性说出真相（但是因为它是秘密，而且对自己都是避之唯恐不及，所以我们准备等到适当的时候再说出终将揭示性真相的真相），而且，我们还要求它说出我们的真相，或者确切地说，我们要求它说出我们自以为立即意识到的、有关我们的真实情况的隐藏得很深的真相。我们在解释它向我们所说的一切的同时，告诉它有关它的真相，而它则在揭露避人耳目的东西的同时，告诉我们有关我们的真实情况。许多世纪以来，从这一相互作用中慢慢地形成了一种主体的知识。这不是有关主体形式的知识，而是有关使主体分裂的东西的知识，即有关规定主体，尤其是让主体规避自身的东西的知识。这也许是始料未及的，但是只要我们一想到基督教和法律所具有的悠久的忏悔历史，以及坦白这个在西方社会中如此重要的知识—权力形式所经历的变迁和转型，那么这就不令人吃惊了。这意味着，一门以性问题为中心的主体科学开始逐渐地缩小了自己的范围。主体之中的因果性、主体的无意识、另一个主体对这个主体的真实情况的了解、主体自身具有自己尚不知晓的知识，所有这些都需要在性话语中展现出来。然而，这不是因为性固有的某种自然属性，而是由于内在于这一话语之中的各种权力策略。

＊

毫无疑问，"性科学"是与"性爱技艺"针锋相对的。但是，我们必须指出，"性爱技艺"并没有完全从西方文明中消失，甚至在性科学的形成过程中也不是一直没有出现过。在基督教的忏悔中，尤其是良心指导与考验中，在对性灵结合与上帝之爱的探寻中，存在着一系列类似性爱技艺的方法：在性启蒙的过程中接受老师的指导，强化各种性体验。（甚至达到人体的各个部位，）通过与性体验相伴的话语来提高性爱的效果。毫无疑问，在反对宗教改革的天主教中经常出现的中魔和入迷现象有着各种无法控制的后果，这些后果超出了这一微妙的肉体科学固有的性爱技术的范围。不仅如此，我们还必须追问，19 世纪以来，"性科学"——打着体面的实证主义的幌子——是否至少在某些方面作为一种"性爱技艺"起作用的。也许，尽管被科学的方式所吓倒，但是性真相的产生却在不断增加、强化，甚至还创造了它内在的快感。人们经常说我们没有想象新的快感的能力。但是，我们至少发明了另一种快感：有关快感真相的快感，即认识、揭发、发现、热衷于看到、说出它，利用它来迷惑和抓住其他人，把它当作秘密，想方设法地把它揭发出来。这是一种有关真实快感话语的特殊快感。我们不应该在医学许诺的健康性经验的理想中，也不应该在人本主义梦想的一种得到充分发展的完整性经验中，更不要在对性高潮的赞美和对生命力的敬意中寻求与我们的性知识（即如何规范化地使用性）相关的性爱技巧的最重要的要素。相反，我们要在与性真相的产生密切相关的快感增加和强化中寻找它们。人们撰写和阅读有关性的学术著作，对性进行各种诊断和检查，为回答有关性的问题感到焦虑，为自己得到解释而感到快乐。向自己和其他人大量叙述自己的性经验，对性充满了好奇心。而且为了讲真话，人们有点颤抖地说出了大量丑恶的隐私。人们还花费大量的金钱向那些善于倾听的人低声说出自己大量的见不得人的性幻想。一句话，西方数世纪以来处心积虑煽动起来的这一了不起的"分析的快感"（在此我是在最广泛的意义上使用"分析"一词的），成了悄悄地以坦白和性科学为载体的性爱技艺的变动部分。难道我们应该认为，我们的"性科学"只是"性技艺"的一种特别微妙的形式？而且，它就是这一似乎已经丢失的传统的精致的西方版本吗？或者，难道我们必须认为所有这些快感只不过是性科学的副产品，是对人们无数次探究性的努力的一种奖赏吗？

总之，如果我们必须考虑到我们的初步探讨所揭示的这一系列增强和强化性的活动，那么有关我们的社会出于经济的原因对性施压的权力假说就显得狭隘了。因为小心迎合权力要求的性话语增多了，性反常得到了巩固，各种不仅可以区分性反常，而且可以召唤、激发它、把它构成为人们关注、谈论和快乐的中心的机制建立了起来，还有人们被迫坦白的各种性真相以及由此而建立的合法性知识的体系和多重快感的结构。这决不是一种排除或推斥性的否定机制，而是展现了一个话语、知

识、快感与权力相互交织的微妙网络。这也不是一场固执地把放荡的性赶到某个难以接近的阴暗角落去的运动，而是把它散布在各个事物和人体表面，激励和表现它，让它开口、把它植入现实之中，命令它说出真相的过程，换言之，在众多的性话语、固执的权力和知识—快感的相互作用之间传递着一种闪闪发光的性。

所有这些难道都是错觉吗？在这个仓促的印象之后，人们

经过仔细的观察，是否会发现那个著名的压抑机制呢？我们是否应该在这些光芒之外重新找出总说不的阴暗法则呢？历史研究将会——或者应该会——回答这些问题。这一研究就是要说明三个世纪以来性知识是如何形成的，以性为对象的话语是如何增加的，以及我们为什么会为这些话语自以为揭示的性真相付出惊人的代价。也许，这些历史的分析最终会推翻这一初步研究所得出的结论。但是，我在尽可能长的时期里所要坚持的前提是，这些有关权力与知识、真理与快感的配置，这些迥然不同于压制的机制，不一定是次要的和派生的；而且，无论如何，压抑都不是根本的和首要的。因此，重要的是认真对待这些配置，转变分析的方向：我们不应该从一种普遍接受的压抑和对我们应该了解的对象的有意忽视出发，而应该根据这些积极的机制（它们是知识的生产者，它们增加话语、诱发快感、产生权力），研究它们产生和运作的条件，探讨与它们相关的禁忌事实或掩饰事实对于它们来说是如何分布的。总之，这就是要界定这一认知意志内在的各种权力战略。就性经验这种具体情况来说，重要的是要建立认知意志的"政治结构"。

第四章

性经验的机制

这一系列研究是关于什么呢？这就是把《泄露内情的首饰》的
寓言转写成历史。

饶舌的性是我们社会的众多标志之一。性既受到约束，又急于
表白，一旦我们碰上它、拷问它，它的回答就会滔滔不绝。终于有
一天，一种有着美妙隐身法的机制逮住了这个多嘴多舌的性。它让
性在快感与强制、赞同与审查的混同中说出了自我和他人的真相。
长久以来，我们大家都生活在芒戈古勒君主的王国里：深受一种对
性的巨大好奇心的折磨，执着于质询它，不知满足地倾听和敦促性
的自我表白，并且善于发明一切可以强迫它保密的魔戒。好像最根
本的是，我们能够从我们自己身上获取这小不点儿，不仅包括快感，
而且还有认知，以及二者之间微妙的相互作用：快感的认知、认知
快感的快感和快感—认知。好像我们寄居其中的这个异想天开的动
物有着非常好奇的耳朵、非常犀利的眼睛。能说会道的舌头和敏捷
的思想，就是为了慢慢地认识性，一旦我们稍微挑逗一下性，它就
完全能够说出性来。西方世界要求不停地探询我们每个人与我们的
性之间的真理：因为我们的性无法把握真理，所以我们要从它身上
获得它的真理；此外，因为我们的性把我们的真理藏在暗处，所以
要让它向我们说出我们的真理。那么，这是否意味着性被隐藏起来
了？它是否被花样翻新的羞耻感回避了？或者是被资产阶级社会的

阴暗要求掩盖了？相反，它是活泼的。几百年来，它已经占据了伟大的"认知意志"的中心。认知意志是双重的，因为一方面我们被迫从我们的性中认识它究竟是什么，而另一方面从我们身上认识性究竟是什么，这又是可疑的。

在几个世纪中，我们喜欢向性提出我们是什么的问题。但是这不是向性—自然（生物机体的要素、生物学的对象），而是向性历史、性意义或性话语探询。我们置身于性的影响之下，但不是在"物理学"的影响之下，而是在"性逻辑"的影响之下。这里，我们一定不要弄错：在一系列二元对立（身与心、肉体与精神、本能与理性、冲动与意识）的支配下，性似乎被传递到一个毫无理性的纯粹机制之中，但是西方世界不仅把性纳入理性领域之中，因为性是不起眼的，从希腊人以来，我们已经习惯于这些"战利品"了，而且还几乎让我们的一切（我们、我们的身体、我们的灵魂、我们的个体性、我们的历史）在色欲逻辑的影响下自行其是。既然其目的在于了解我们是谁，那么这种色欲逻辑对我们就是万能钥匙。数十年来，遗传学家们不再把生命理解为一个天生具有奇特的自我繁衍能力的组织。他们在生育机制中发现了这种与生物学有关的组织：它不仅仅是生物的母体，而且是生命的母体。然而，许多世纪以来，无数研究肉体的理论家和实践家都是用非"科学的"方法把人塑造成为既专横又明智的性的产物。这样，性成了理解一切的根据。

还需要提出以下问题：为什么性是如此秘密的东西？是什么力量如此长久地让我们对性三缄其口，最近才勉强松松紧箍咒，允许我们从性压抑出发质疑性？事实上，这个在当代经常重复的问题，只是用最新的形式重复了确认性和规范性这个重要的和古老的问题：真相就在那儿，请你们去那儿发现它。它在滚滚的冥河（Acheronta movebo）之中：这是古老的决定。

> 你们聪明、学问高深，
> 你们知道万事万物
> 何时、何地、怎样联为一体
> ……你们这些伟大的智者，请告诉我它究竟是什么
> 请告诉我发生在我身上的事
> 请告诉我何时、何地和怎样
> 为什么相似的事情发生在我的身上？①

　　因此，最好先问：这一命令是什么？为什么要这样大费周章地追逐性的真理呢？

　　在狄德罗的笔下，好精灵居居发从口袋里的几个小玩意（圣谷、小铅塔和发霉的糖果仁）之间摸出一个小小的银戒指，转动它的宝石镶框，就会让我们碰到的性说话。他把这个银戒指给了一位好奇的苏丹。我们想知道什么奇妙的戒指给我们带来了同样一种力量，它被戴在哪位主人的手指上；还有，它允许或要求什么样的权力游戏，对自己的性和其他人的性而言，我们每个人又怎样能够成为一个既好奇又冒失的苏丹呢。只有当这个魔戒、这个首饰让别人

---

① G.-A. 比尔热，转引自叔本华的《爱的形而上学》。

说话时，它才会泄露真情的，但是对自己的机制却是口风甚紧的，因而最好是让它说起来没完。我们必须谈论它。我们必须写出这一求真意志、认知意志的历史，很多世纪以来，它现在才让性反映出来：这是有关固执和顽强的历史。因为我们是这样执着，我们在可能的性快感之外又向性要求什么呢？是什么耐心或贪欲促使我们把性变成秘密、无所不能的原因、被掩盖的秘密和连续的恐惧呢？为什么发现这一艰难真理的任务最终又会反过来要求我们解除禁忌和松开羁绊呢？是不是这一工作太过艰难，以致我们必须顽强地坚持这一承诺呢？或者，是不是性知识的获得是要付出高昂的政治的、经济的和伦理的代价，所以为了征服每个人，我们必须自相矛盾地让他确信已获自由？

好吧，为了明确以后的研究，让我们先就目标、方法、范围以及大家暂时会同意的分期作一般的说明。

一

目　标

　　为什么要进行这些研究呢？我深知在上面的分析中尚有不107
明确之处。它很可能会否定我提出的十分详细的研究计划。我
多次说过，西方社会最近几个世纪的历史没有表明权力的作用
本质上是压抑性的。我已经强调过要把压抑概念排除在外，而
且对别处在欲望理论的层面上对性压抑的更彻底的批判假装不
知道。性没有遭受"压抑"，这其实不是一个新看法。很久以
前，精神分析学家们就说过这种话。他们拒绝人们谈起压抑时
就情不自禁地想象出那个简单的小型机制；对于他们来说，一
种必须被控制的反抗能量的观念不适于用来解释权力与性欲相
互连接的方式。他们认为权力与欲望相互联系的方式，比一种
不断地从下面升腾上来的野蛮的、自然的、活泼的能量与一个108
力图从上面阻碍它的秩序之间的相互作用要更加复杂和根本。
因此，他们认为不要以为欲望之所以被压抑，就是因为法律是
由性欲与确立性欲的匮乏构成的。只要有性欲的地方，那里就

会有权力关系，因此，要在权力关系确立之后出现的压抑中揭示权力关系，只是一种幻想；而探寻权力之外的性欲，则是虚荣心在作祟。

然而，我一直用一种混乱的方式来说明问题，一会儿谈"压抑"，一会儿说"法律"、禁忌或检查，好像它们是同等的概念似的。因为固执或马虎，我没有认识到所有可能区分出它们的理论内涵或实践内涵的东西。而且，我认为人们有理由对我说：当你不断地谈及积极的权力技术时，你是在两头讨好；你把你的对手们都当成最软弱的人了，而且，在讨论唯一的压抑时，你一再想让别人相信你已经摆脱了法律问题；然而，你却从权力—法律的原则中得到了关键的实践结果，也就是说，人们回避不了权力，它一直存在着，构成了人们企图用来反对它的东西。为了批评权力—压抑，你从这一观念中保留了最脆弱的理论因素；为了保存权力—法律供自己使用，你从这一观念中保留了最缺乏意义的政治后果。

以下进行的一些研究不是要提出一套有关权力的"理论"，而是对权力的一种"分析"：我指的是，界定权力关系形成的特殊领域，确定用来分析它的各种工具。然而，我认为，只有界定清楚权力关系的领域，摆脱一种被我称作"司法的—推理的"——等一下，大家就会明白我为什么这样称呼它——权力表现，这种分析才能够形成。正是这一"司法的—推理的"权力概念决定了压抑主题和法律是构成欲望的因素的理论。换言之，根据本能压抑做出的分析和根据欲望法律做出的分析的不同之处，一定在于它们是怎样看待冲动的本能和动力，而不是在于它们看待权力的方式。它们各自诉诸一种共同的权力表现，后者根据人们对它的用法和它相对于欲望的位置，导致了两种相反的结果：若是权力是外在地控制欲望，那么就导出了"解放"欲望的承诺；若是权力是欲望的构成因素，那么就会得出你已经落入陷阱之中的结论。此外，我们不要想当然地认为这一权力表现只属于那些提出权力与性的关系问题的人。事实上，它更为普遍；我们经常在各种对权力的政治分析中发现它，而且，毫无疑问，它是深深地扎根在西方历史之中的。

以下是它的几个主要特征：

110

1. 否定的关系。它只是以否定的方式建立起权力与性之间的关系。抛弃、排斥、拒绝、阻碍、掩饰或伪装。权力除了对性与快感说不外，对它们"无能为力"；若是它产生了什么，那么就是缺席或空白；它省略了各个要素，引入了断裂，把相互连接的东西分离开来，划定边界。其结果带有限定与匮乏的一般形式。

2. 法规的权威。权力本质上就是向性颁布它的法律。这首先意味着性被它纳入一个二元体制之下：合法的与非法的、允许的与禁止的。其次，权力为性规定了一个"秩序"，这一秩序的作用同时是可以理解的形式：对性的解释根据的是它与法律的关系。最后，权力是通过宣布法规来起作用的：权力是通过语言来控制性的，或者说是通过一种创造法律状态的话语行为来控制性的，因为权力是被说出来的。它说出的话就是法规。我们发现，纯粹的权力形式出现在立法者的作用中，而且，它的行为方式对于性来说是司法—推理型的。

3．禁忌的循环。你不要接近，你不要接触，你不要消费，你不要体验快感，你不要说话，你不要露面；说到底，除非躲在阴影与秘密之中，你不要存在。对于性，权力使用的只是禁令。它的目标是让性否定自己。它的手段则是威胁对性进行压制和处罚。否定自己，否则就会受到压抑；若是你不愿销声匿迹，那么就不要露面。你存在的代价是消灭你。权力就是通过玩弄这种在两种不存在之间作出抉择的禁忌来约束性的。

4．审查的逻辑。这一禁忌应该有三种形式：断定性是不被允许的，阻止它被说出来，否定它是存在的。表面上看，这是一些很难相互调和的形式。但是，人们从此设想出了一种体现了审查机制的特征的关系逻辑：它把不存在的、非法的和无法表述的这三者以互为因果的方式联系了起来。人们不应该谈论被禁止的东西，直至它从现实中消失；不存在的东西不应该表现出来，即使是在陈述它不存在的说话范围内也是如此；人们必须保持沉默的东西作为特别要被禁止的东西，是被排除在现实之外的。权力对待性的逻辑是一种法律的悖论逻辑，这种法律只能把自己表述为不存在、不表现和沉默的命令。

5．配制的统一性。权力对性的作用在所有层面上都是一样的。从上到下，无论是在它的全局决策中，还是在它的微观干预中，不管它依赖的机器或机构怎样，它都是以统一的和大量的方式起作用的；而且，它是根据那些简单的和无限再生的法律、禁忌和审查的机制来起作用的：从国家到家庭，从君主到父亲，从法庭到日常零碎的处罚，从社会的统治当局到构成臣民的各种结构，人们在不同的范围内发现了权力的一种普遍形式。这一形式就是法律，以及合法的与非法的、违法与处罚之间的相互作用。人们赋予它的形式有制定法律的君主、发布禁令的父亲、让人沉默的检察官，或者是说出禁令的师父，总之，人们把权力图式化为一种司法形式；而且，人们把它的后果界定为驯从。面对作为法律的权力，被塑造成臣民——被"驯服了"——的人是驯从的臣民。在所有这些情况下，权力的形式同一性在它所约束的人——指的是面对君主的臣民、面对国家的公民、面对父母的孩子、面对师父的学徒——那里，对应的是驯从的一般形式。一边是作为立法者的权力，另一边是驯服的臣民。

在权力压抑性这一一般主题之下，就如同在构成性欲的法律观念之下，人们重新发现了同一个权力机制。它是以一种奇特的限制方式被界定的。首先，因为这是一个资源匮乏、步骤简单、手法单调的权力，它没有创新能力，注定要一直自我重复。其次，因为这是一个只能说"不"的权力；它不会生产什么，只会划定界限，本质上是负能量的；这是权力效能的悖论：除了让它压制的对象做它允许的事情外，像它一样，无所事事。最后，因为这一权力本质上是以法律为模型、以法律的表述与禁忌的作用为中心的。一切统治、服从和驯服的方式最终都是要达到让对象服从的效果。

为什么人们轻易地就接受了这种权力的法律观呢？而且，为什么从此忽略权力中一切可能带来有效的生产、丰富的战略和肯定性的东西呢？在当代社会中，权力机器是如此众多，它的仪式显而易见，使用的工具又十分有效；在这样一个在灵活的权力机器方面比其他社会更有创造性的社会里，为什么会出现这种只以否定的和虚弱的禁忌形式来认识权力的趋向呢？为什么要把统治配置归结为禁忌法律的手段呢？

权力只有掩盖自己的一个重要部分，才是人们可以容忍的。这种一般的和策略性的理由是不言而喻的。权力的成功是与它是否掩藏了自己的机制成正比的。若是权力完全厚颜无耻的话，它会被接受吗？对于权力来说，秘密并不过分，而是权*114*力运作中不可缺少的东西。这不仅是因为权力强迫受它统治的人接受它，也许还因为它对于他们来说是必不可少的。若是他们没有看到对他们的性欲的简单的限制，还有一部分未受限制的自由（即使自由度减少了），他们还会接受权力吗？权力作为给自由划定的纯粹界限，至少在当今社会中是它可以被人们接受的一般形式。

这也许有历史的原因。中世纪发展起来的那些庞大的权力机构——君主制、国家及其机器——依靠先前多样性的权力获得了长足的发展，而且达到了反对它们的地步。这些先前的多样化的权力包括密集交错的和互相冲突的权力、直接地或间接地与控制土地、掌握军队、农奴制、宗主制与藩臣制相关的权力。若是这些庞大的权力机构可以巩固自己的地位，知道怎样通过一系列的策略联盟被接受，那么这是因为它们是作为调节、裁决、限制的权威机构出现的，它们给这些权力带来了秩序，确定了按照各种界限和既定的等级制来缓和与分配这些权力的原则。这些庞大的权力形式面对的是众多的、相互冲撞的力量，超越了所有那些作为法律原则的不同性质的权利，表现出了把自己构成为单一的整体、把自己的意志等同于法律和通过禁止与惩罚的机制来行事的三重特性。它标榜"和平"（*pax*）和"正义"（*justitia*）。根据它的要求，和平是指禁止封建的或私人的战争，正义是指中止诉讼的私下规则。毫无疑问，在这些庞大的君主制机器的发展过程中，重要的不是一种纯粹的和简单的法律建设。但是，权力的语言就是如此，这就是它对自身的再现，而且，中世纪建立起来的或根据罗马法重建的所有公法理论都见证了这一点。法律不仅仅是一件被君主灵活使用的武器，它还是君主制表现自身的方式和可以被人接受的形式。在西方社会里，自中世纪以来，权力的运作总是表现在法律之中。

一个源自 18 或 19 世纪的传统让我们习惯于认为绝对的君主权力属于非法一类：独裁、滥用权力、反复无常、刚愎自用、享受特权、不受法律约束、因循守旧。但是，这却遗忘了一个根本的历史特征，即西方的君主制是作为法律体系被建立起来的，是通过各种法律理论来反思自身的，而且是通过法律的形式启动自己的权力机构的。布兰维叶对法国君主制的陈旧指责——即法国君主制利用法律和法学家来剥夺人们的权利和

115

116

贬低贵族阶层——大体上是有根据的。这一法律—政治的维度在君主制及其机构的发展过程中被建立了起来。当然，它不足以说明权力过去和现在的运作方式；但是，它是权力展现自身和规定我们认识权力所依据的法则。君主制的历史和通过法律—政治的话语来恢复权力的事实与做法是成双成对的。

然而，尽管人们一再努力让法律摆脱君主制和把政治从法律中解放出来，权力的表现仍然受困于这一体系之中，试举两个例子。在 18 世纪的法国，对君主体制的批评不是针对法律—君主制的体系，而是以纯粹严格的法律体系（其中，所有权力机制都可以既不过分、又有规则地运作起来）的名义反对一种口头上遵守法律而实际上不断地绕过法律的界限、凌驾于法律之上的君主制。于是，政治批评就利用了伴随君主制发展的一切法律思想，以便谴责君主制。但是，它却没有质疑这一原则，即法律必须是权力的形式和权力应该总是以法律的形式行事。另一种对政治制度的批评出现在 19 世纪。这是一种更加彻底的批评，因为它不仅仅要指出现实的权力避开了各种法律规则，还要表明法律体系本身只是实施暴力、为少数人的利益而使用暴力，以及打着普遍法律的招牌实施一种不对称的和不公正的统治方式。但是，这一对法律的批评还依靠这一前提，即权力本质上和理想上应该根据一种基本法来行事。

总而言之，尽管在不同的时代有不同的目标，但是权力的表现仍然受到君主制的纠缠。在政治思想与分析中，人们一直没有砍去国王的头颅，因此，在权力理论中，人们还是认为有关法律与暴力、合法与非法、意志与自由、国家与君权（即使主权不再作为君主个人所有，而是作为一种集体的存在受到质疑）的问题是重要的。从这些问题出发来思考权力，就是从当今社会特有的一种历史形式——法律的君主制——出发来思考它们。这一法律的君主制是独特的，而且是短暂的。因为它许许多多的形式过去存在过，现在仍然存在，各种崭新的权力机制渐渐地渗透其中，它们也许无法归结为法律的再现。以后我们将会看到，这些权力机制至少部分是那些从 18 世纪开始就管理着作为活生生肉体的人的生命的权力机制。而且，若是法律真的能够以不尽周详的方式表现一种本质上以收税与死亡为中心的权力，那么它在性质上绝对不同于那些新的权力步骤，因为这些新的权力步骤不是凭借权利、法律和惩罚，而是根据技术、规范化和控制来实施的，而且其运作的层面与形式都逾越了国家及其机器的范围。经过数世纪，我们现在进入了一个法律愈来愈少地规范权力或充当它的表现体系的社会中。这一惯性让我们愈来愈远离了法律统治。法国大革命以及随后的宪法与法典时代，似乎许诺过法律的统治不久将会实现，但是，就是在这个时代里，法律统治已经开始后退了。

这一法律表现在当代有关权力与性的关系的分析中仍然起作用。然而，问题不是去了解性欲是否不同于权力，它是否像人们想象的那样先于法律，或者构成权力的是否不是法律。这不是问题的关键。无论性欲如何，人们总是不断地参照一种法律的和推论的权力（它在法律表述中找到了自己的中心）来设

第四章　性经验的机制

想它。人们仍然倾向于一种由法律理论家和君主制所描绘的权力—法律、权力—君权的形象。但是，人们必须要摆脱的，正是这一形象。这也就是说，若是想分析权力及其具体的和历史的博弈，人们必须摆脱法律和君权的理论特权。为此，人们必须建立起一种不再以法律为模型和法则的权力分析。

119

我认为这一性经验史，或者说这一系列有关权力与性话语的历史关系的研究，是一个循环的计划，因为它涉及两个相关的意图。首先，我们试图让自己摆脱一种对权力的法律的与否定的表现，拒绝根据法律、禁忌、自由和君权来思考权力。但是，我们如何分析在最近的历史上有关性经验（它似乎是我们的生活和身体中最忌讳的东西）所发生的一切呢？若是不使用禁止和阻碍的方式，那么权力又怎样靠近性呢？它借助的是什么机制、策略或配置呢？但是，我们反过来也同意，只要进行稍微细心的考察，就可以发现在现代社会中，权力其实不是以法律与君权的方式支配性经验的。假定历史的分析表明存在一种真正的性"技术"，它比单一的"禁止"效果更加复杂，也更加有效，那么，这一例证——我们必须把它视为特例，因为权力在这里似乎比在其他地方更好地作为禁令起作用——没有促使人们去发现各项不属于法律体系和法律形式的权力分析的

120

原则吗？因此，这就是要在提出另一种权力理论时形成另一种历史解释的框架；与此同时，在仔细研究历史材料时逐渐地提出另一种权力观。这就是说，不通过法律来思考性，与此同时，不通过国王来思考权力。

二

方　法

因此，分析某种性知识的形成，不能根据压抑或法律，而要从权力出发。但是"权力"一词容易引起许多误解，包括对它的身份、形式和统一性的误解。我不想把权力说成是"特定的权力"（le pouvoir），即确保公民们被束缚在现有国家的一整套制度和机构之中。我也不想把权力理解成一种奴役的方式，具有与暴力不同的规则形式。最后，我还不把它理解成一套普遍的控制系统，其中一个要素或一个组织控制另一个要素或组织，并且依次影响到整个社会。从权力出发来分析，不应该把国家主权、法律形式或统治体系视为原初的所予，因为国家主权之类只是权力的终极形式，我认为，我们必须首先把权力理解成多种多样的力量关系，它们内在于所运转的领域之中，构成了它们的组织。它们之间永不停止的相互斗争和冲撞改变了它们、增强了它们、颠覆了它们。这些力量关系相互扶持，形成了链条或系统，或者相反，形成了相互隔离的差距和矛盾。它们还具有发挥影响的策略，在国家机构、法律陈述和社会霸权中都体现着对它们的策略的一般描述或制度结晶。权力可能的条件就是使得权力的运作及其无远弗届的影响易于理解的视点，它还允许把权力的机制当作理解社会场的框架。不过，千万不要在某一中心点的原初存在中、在唯一的最高权力中心（其他派生的和次要的权力都是从它衍生出来）中寻找它。正是各种力量关系的旋转柱石永不停歇地通过它们不平等的关系引出各种局部的和不稳定的权力形态。权力无所不在：这不是因为它有把一切都整合到自己万能的统一体之中的特权，而是因为它在每一时刻、在一切地点，或者在不同地点的相互关系之中都会生产出来。权力到处都有，这不是说它囊括一切，而是指它来自各处。而"特定的"权力，在这一永恒的、重复的、惯性的和自生的力量关系中，也只是整体的结果，是从这些变动中归纳出来的；这些变动构成了链条，它一方面求助于每一次变动，另一方面又回过头来努力确定这些变动。因而，我们必须是唯名论者：权力不是一种制度，不是一个结构，也不是某些人天生就有的某种力量，它是大家在既定社会中给予一个复杂的策略性处境的名称。

那么，我们是否应该改变权力的定义，而说政治是用其他手段进行的战争呢？如果我们想坚持战争与政治之间的差异，那么我们也许应该更进一步地说，权力关系的多样性可以部分地（决不会是完全地）被解释成"战争"形式，或者是"政治"形式。这是整合这些不平衡的、异质的、不稳定的和紧张的力量关系的两种不同的策略。

顺着这个思路，我们可以提出一些命题：

1. 权力不是获得的、取得的或分享的某个东西，也不是我们保护或回避的某个东西，它从数不清的角度出发，在各种不平等的和变动的关系的相互作用中运转着。

2. 权力关系并不外在于其他形式的关系（经济进程、认识关系和性关系），相反，它们内在于其他形式的关系之中。它们是在此产生出来的差别、不平等和不平衡的直接结果。它们彼此是这些差异化的内在条件。权力关系也不是高高在上的结构，只有简单的禁止或延续的作用。相反，它们在运转时有着一种直接生产的作用。

3. 权力来自下层。这就是说权力关系的原则和普遍基础不是统治者与被统治者之间的整体的二元对立。这种二元对立是自上而下发生影响的，愈到社会下层，限制愈多。相反，我们必须认为在生产设备、家庭、纪律组织、机构之中形成和运作的力量的多样关系极大地支持了贯穿于整个社会的对立。它们形成了一条贯穿和连接各个局部冲突的一般力量轨迹。当然，它们又会反过来重新分配、排列、同化、整理和混合这一系列的力量关系。各种规模庞大的统治都是得到所有这些剧烈冲突持续支持的霸权结果。

4. 权力关系既是意向性的，又是非主观的。如果它们事实上是可以理解的，那么这不是因为它们与另一个权威之间存在着因果关系，后者是"解释"它们的原因。相反，它们一部分一部分地受到一种计划的渗透：如果没有一系列的对象和目标，那么就不会有权力的运转。但是，这并不意味着它是主体个人选择或决定的结果。我们不要寻找主导权力合理性的领导部门。既不是统治阶层、控制国家机器的集团，也不是手握最重要的经济决策大权的人控制着在社会中起作用的整套权力网络（并且让它起作用）。权力的合理性是各种战术运用的合理性，这些战术在它们运转的有限层面上常常是非常清楚的（权力的局部运作是愤世嫉俗的），它们相互连接、相互激发和相互传播，它们还在别处发现了对它们的支持和它们的条件，最后勾勒出整体的机制：在此，逻辑极为清晰，目的可以破译；然而，往往没有人发明它们，可以说制定它们的人也很少：这就是各种宏大的匿名战略的隐含特征。这些匿名战略几乎是默不作声的，它们协调着各种豪言壮语的战术，而且这些战术的"发明者"或决策者经常是不假思索的。

5. 哪里有权力，哪里就有抵制。但是，抵制决不是外在于权力的。我们是否必须说我们"处于"权力之中是必然的，无人可以避开它，对它而言，没有绝对的外在，因为我们必然受到法律的支配？或者，历史是理性的诡计，而权力则是历史的诡计，它总是赢家？这是没有认识到权力关系严格的相对性特征。它们只有依靠大量的抵抗点才能存在：后者在权力关系中起着对手、靶子、支点、把手的作用。这些抵抗点在权力网络中到处都有。在此，对于权力来说，不存在一个大拒绝的地点——造反的精神、所有反叛的中心、纯粹的革命法则。但是，存在着各种抵抗，它们在不同的情况下是可能的、必要的、不可能的、自发的、野蛮的、孤立的、协调的、低调的、粗暴的、不可妥协的、善于交易的、有利害关系的或是奋不顾身的。从定义上看，它们只能存在于权力关系的战略范围内。但是，这并不意味着它们只是对权力关系的反弹和虚以应付，或者对主流统治来说，只是一个总是被动的和注定失败的反面。这些抵抗不从属于一些不同性质的原则；但是，它们并不因此一定是让人失望的诱饵或许诺。它们是权力关系中的另一极，是权力关系不可消除的对立面。因此，它分布的方式是不规则的：抵抗的各个点、结、中心以强度不等的方式散布在时间和空间中，有时以一种明确的方式挑动团体或个人，激发某些身体部位、某些生命时刻、某些行为类型。那么，是否存在重大的根本断裂、大量的二元分割呢？有时会有。但是，人们最经常打交道的是一些变动的和暂时的抵抗点，它们把各种变动不定的划分引入社会之中，打破一个个团体，让其重新组合；它们还对个人进行划分，把他们分解之后再重新塑造他们，在他们的身体和灵魂中划出一些不可还原的区域。如同权力关系的网络最终形成了一个贯穿各个机制和制度、却又不局限其中的稠密的网络一样，大量的抵抗点也贯穿了各个社会阶层和由个人组成的团体。毫无疑问，这些抵抗点的战略规范使得革命成为可能，这有点像国家取决于对权力关系的制度整合一样。

在这一力量关系的领域里，我们必须试图对权力机制进行分析。这样，我们将会避开长久以来迷惑政治思想的君主—法律体系。而且，若是马基雅维利真的是根据力量关系思考君主权力的极少数人之一——这正是他的"犬儒主义"臭名昭著之处，那么也许我们必须再向前迈出一步，绕过君主这个人物，从内在于力量关系之中的一种战略出发破译权力的机制。

为了回到性和承担性的真实话语上，那么要解决的不应该是这样的问题：在一个既定的国家结构中，权力是怎样和为什么需要建构一种性知识呢？也不会是这样的问题：从 18 世纪以来，对真实性话语的生产的关心是为哪种集权统治服务的呢？也不是这一问题：哪种法律同时主管对性行为的调节和让人们口径一致地谈论性呢？而是这类问题：在特定的性话语中，在对历史地出现在一些特定地点（以儿童的身体为中心，有关女人的性，在限制生育的实践中，等等）的真相探究的形式中，哪些是正在起作用的最直接的和最局部的权力关系？它们是怎样让这些话语成为可能的呢？反过来说，这些话语是怎样来支持它们的？这些权力关系的互动是怎样被它们的运作改变的——加强一些关系，削弱另一些关系，加上抵抗的作用和反控制，以致不存在一种一劳永逸的稳定类型的驯服？这些权力关系是怎样根据类似一种单一的和唯意志的性政治的整体战略的逻辑相互联系起来？总之，不要把一切针对性的微不足道的暴力、一切盯住性的困惑的目光和一切妨碍可能认识性的掩饰手段纳入巨大权力的统一形式之中，而是把性话语的大量生产纳入多样的和变动的权力关系的领域中。

因此，这就促使我们要预先提出四项原则。但是，它们不是方法上的命令，最多只是审慎的规范。

（一） 内在性的规则

不要认为存在着一个理当属于科学的、中立的和自由的知识的性经验领域，相反，在性经验的领域里，权力的各种经济的或意识形态的要求启动了各种禁忌的机制。若是性经验被构成为认识的领域，那么这是权力关系造成的，权力关系把性经验确定为可能的对象；反过来说，若是权力能够把性经验作为对象，那么这是因为认识的技术和话语的程序有能力控制它。在认识的技术与权力的战略之间，没有外在性，即使它们都有自己专门的作用，并且是立足于它们的差异之上彼此连接起来的。因此，我们将从所谓的权力—知识的各个"局部中心"出发：比如，忏悔者与忏悔牧师之间或信徒与指导者之间的关系。其中，在要被控制的"肉体"的影响下，不同的话语形式——自我检查、拷问、坦白、解释、会谈——在一种不间断的来回运动中承载着各种驯服形式和认识范式。同样，受监视的儿童的身体，在他的摇篮里、床上或房间里，被父母、奶妈、佣人、老师、医生监视和包围，关注他最细微的性表现。这样，尤其是从 18 世纪开始，儿童的身体成了另一个权力—知识的"局部中心"。

（二） 连续变化的规则

不要在性经验的领域里寻找谁是掌权的（男人、成人、父母、医生），谁被剥夺了权力（女人、青少年、儿童、病人……）；也不要去找谁有认识的权力，谁只配处于无知状态。相反，我们要探寻这些力量关系在其运转中包含的变化范式。"权力分布"和"知识占有"只代表了一些过程中的各个瞬间片断，这些过程要么是最强大的要素累积增强的过程，要么是关系逆转的过程，要么是双方同时增长的过程，权力—知识的关系不是既定的分布形式，而是"转变的母体"。在 19 世纪围绕着儿童及其性欲由父亲、母亲、教师、医生构成的整体已经处于不断的变化与变迁之中，其中，最惊人的结果之一就是一种奇特的倒置：开始时，儿童的性经验是在医生和父母之间建立的关系中被问题化的（以建议的形式，或建议保持对儿童的观察，或对未来危险的警告），最终也正是在精神病医生与儿童的关系中，成年人的性经验成了问题。

（三）双重调节的规则

若是不通过一系列连续的步骤，最终被纳入一个整体战略中，那么任何"局部中心"和"转变范式"都无法发挥作用。反过来说，任何战略如果不从那些明确和细微的关系（不是作为这一战略的应用与后果，而是它的支撑与支点）取得支持，那么它就无法确保全盘效果。这两者不是互不关联的，好像分属两个不同的层面（一个是微观的，一个是宏观的）；而且也不是性质相同的（好像一个只是另一个的放大或微型化的投影）；相反，我们应该考虑到战略与战术的双重调节作用，一方面，战略是通过可能采用的特殊战术来调节的；而另一方面，战术则是通过让它发挥作用的总体战略来调节的。因此，父亲在家庭中不是君主或国家的"代表"；君主或国家也不是父亲在另一个范围内的投影。家庭生产不出社会；反过来，社会也不模仿家庭。但是，家庭组织因为它与其他权力机制相比的独立性与异态性，被用来支持为马尔萨斯式的控制生育率、人口论者的煽动、性的医学化和它的非生殖器官的精神病学化而使用的重要"手段"。

（四） 话语在战术上的多价规则

性话语不应该被作为这些权力机制投射的简单的表面现象来分析。权力与知识就是在话语中相互连接起来的。因此，我们必须把话语理解为一系列非连续的环节，其战术性的功能既不是统一的，也不是稳定的。确切地说，我们不应该设想一个被分割为被接受的话语与被排斥的话语、主流话语与从属话语的话语世界，相反，我们应该想象一个由能够在不同的战略中起作用的大量的话语要素。我们必须重建这一分布，使用的是它包含的那些说出来的和被隐匿的事物、所要求的和被禁止的陈述，它根据说话者、他的权力地位、所处的制度背景而确定的各种变体和效果，它包含的用于各种相反目标的相同公式的变迁和再利用。如同沉默一样，话语不是一劳永逸地服从于权力或反对它。我们必须承认一种复杂的和不稳定的相互作用，其中话语可能同时既是权力的工具和结果，又是障碍、阻力、抵抗和一个相反的战略的出发点。话语承载着和生产着权力；它加强权力，又损害权力，揭示权力，又削弱和阻碍权力。同样，沉默与隐秘庇护了权力，确立了它的禁忌。但是，它又放松了它的控制，实行多少有点模糊的宽容。比如，让我们考虑一下曾经违反自然的"那个"大罪恶的历史。涉及鸡奸（这一范畴是十分混乱的）的文献都极端审慎，一谈到它时，几乎都三缄其口，长期以来，这就可能造成一种双重作用：一方面是极其严厉的处罚（在 18 世纪仍然使用火刑，在 18 世纪中叶之前没有出现任何重要的抗议），另一方面是一种相当广泛的宽容（这是我们间接地根据司法机关极少对鸡奸判刑推论出来的，而且通过有关存在于军队或学校中的男性社团的一些见证可以更加直接地看出来）。然而，在 19 世纪的精神病学、法理学、文学中还出现了一系列有关同性恋、性倒错、鸡奸、"心理双性人"及其变种的话语，使得这一"反常"领域里的社会控制获得了长足的进步。但是，它还促成了一种"补偿"话语：同性恋开始利用人们在医学上贬低它的用词和范畴来谈论自己，要求人们承认它的合法性或"自然性"。不存在一边是权力的话语，而另一边是与它相对的其他话语。话语是力量关系的领域里的战术要素或原因。在同一个战略中，可能存在着不同的、甚至是矛盾的话语；而且，它们不用改变形式就可以

在相互对立的战略之间穿行。我们不必首先向性话语询问它们来自哪一种模糊的理论，或者它们遵循的是哪些道德派别，或者它们代表的是哪一种意识形态（主流的还是从属的）；而是

要在它们的战术生产力（它们确保了权力与知识之间哪些互动的效果）与它们的战略整合（在发生的各种冲突的不同时期里，什么样的局势和力量关系使得对它们的使用成为必要的）这两个层面上询问它们。

　　总之，关键在于迎合一种权力概念，它用目标视角取代了法律的特权，用战术有效性的观点取代了禁忌的特权，用对多元的和变动的力量关系领域（其中产生出了各种总体的控制效果，但是总体上决不会产生出稳定的控制效果来）的分析取代君主的特权。这就是用战略模式来取代法律模式。而且，这不是出于思辨的选择或理论的偏好，而是因为长期以来出现在所有战争形式中的力量关系及其主要表现形式逐渐地进入了政治权力的领域；其实这是西方社会的根本特征之一。

三

范 围

　　千万不要把性经验描述成本质上与一种竭力驯服它而又往往无法完全控制它的权力毫无关系的一种桀骜不驯的倔强的冲动。相反，它是权力关系中来往特别密集的通道：如在男人与女人之间、年轻人与老年人之间、父母与子女之间、教师与学生之间、神父与俗人之间、政府与人民之间等关系中。在权力关系中，性经验不是最沉闷的要素，而是手段最高强的要素之一：适用面最广，而且对于各种最具变化性的战略，它也能够提供支撑点和连接点。

　　并不存在对所有社会都重要和对一切性活动都普遍适用的单一的和完整的战略。例如，大家往往想通过不同的方式把所有的性还原到性的生育功能、异性成年人之间的性形式及其合法婚姻，但是这种想法没有考虑到在涉及两种性、不同时代和不同社会阶级的性政治中所指向的多重目标和所运用的多种手段。

首先，我们可以区别出18世纪以来的四种伟大的战略集合，它们发展出有关性的各种特殊的知识和权力的机制。当然，它们不是全部出现在那个时候，但是从那时起它们之间有了连贯性，它们在权力秩序中运用有效，在知识秩序中更是富有成果，这些使得我们可以描述它们相对自主的本质。

1. 女人肉体的歇斯底里化。这是一个三重过程。首先是女人的肉体被分析——被肯定和被否定——成性饱和的完整肉体；其次是女人的肉体在其本身的病理学的影响下被整合到医学实践之中；最后它被纳入与社会团体（女人的肉体应该确保社会团体具有可以调节的强大繁衍力量）、家庭空间（女人肉体应该是其中一个实体要素和功能要素）和儿童生活（女人的肉体生育了儿童，它应该承担起教育儿童的生物道德责任，确保他们的生活）之间的交流之中。母亲及其负面形象——"神经质女人"——构成了这种歇斯底里化的最明显的形式。

2. 儿童的性的教育学化。它是一种双重的肯定，认为几乎所有的儿童都沉溺于或可能沉溺于一种性行为之中；而且，这种不正当的性行为同时是"自然的"和"违反自然的"，它自身带有各种身体的和道德的、集体的和个人的危险；儿童们被界定为"原初的"性存在，既在性之外又已经在其中了，处于一条危险的分界线上；父母、家庭、教师、医生、心理学家们随后必须不断地看护这一既珍贵又可怕、既有害又有危险的性萌芽；这一教育学化尤其体现在反对手淫的战斗中，后者在西方已经持续了将近两个世纪。

3. 生育行为的社会化。它首先是经济社会化，即利用"社会的"或财政的手段，促进或限制夫妇的生育力；其次是政治社会化，即夫妇对整个社会机体（必须限制或强化它）负有责任；最后是医疗社会化，即对个人和种族实行计划生育，从而减少致病的因素。

4. 反常快感的精神病学化。性本能被单独作为生物的和心理的自主本能；人们曾经对它可能被感染上的所有反常形式进行过临床分析；人们赋予它的作用就是使得全部行为都正常化或病理学化；最后，人们为这些反常寻找一种矫正技术。

在整个 19 世纪对性的担忧中，人们描绘了四种形象，它们是优先的认识对象，是各种认识活动的目标和根据。它们分别是歇斯底里的女人、手淫的儿童、马尔萨斯式的夫妇、性倒错的成人。它们分别对应于那些以各自的方式渗透和利用儿童、女人和男人的性欲的战略。

在这些战略中，重要的是什么呢？是一场反对性经验的斗争吗？还是一种控制性经验的努力呢？是一种很好的管理性经验和掩盖它可能有的轻率、张扬和不听使唤的企图呢？还是一种表达有关性经验的这一部分可以接受的或有用的知识的方式呢？事实上，重要的是性经验的生产。我们不应该把性经验理解成权力试图控制的一种天生之物，或者是知识要一点点地揭示的一个晦暗的领域。人们可以把这个名字送给一种历史装置：它不是位于性经验之下的难以把握的现实，而是宏大的表面网络，其中刺激身体、强化快感、话语煽动、形成知识、加强控制和抵抗，这些活动根据一些宏大的有关知识与权力的重要战略相互连接。

我们可以毫不迟疑地承认，性关系在所有社会中都引发了 *140* 一种"联姻配置"：婚姻体系、确定与发展亲属关系的体系、继承姓氏与财产的体系。随着各种经济过程的变化，以及政治结构无法在自身中找出适当的手段或充分的支持，这一联姻配置以及确保它的各种约束机制，还有它所要求的复杂知识，失去了自身的重要性。尤其是从 18 世纪开始，现代西方社会发明和确定了一种新的配置，它与联姻配置相互重叠，不过，它没有放弃联姻配置，而只是削弱了后者的重要性。这就是"性经验配置"：像联姻配置一样，它是依附在性伴侣之上的；但是，方式完全不同。我们可以将它们逐条对照。联姻配置是围绕一个界定允许与禁止、合法与非法的规则体系建立起来的；而性经验配置则是根据权力的各种变动的、多态的和见机行事的技术发挥作用的。联姻配置的主要目标就是重新产生性关系的互动，维护管理性关系的法律；而性经验配置则相反，它永远在扩张各种控制的范围与形式。对于前者来说，它关心的主题是身份明确的伴侣之间的性关系；而对后者来说，它关心的主题却是身体的感受、快感的质量、十分微妙的或不易察觉的 *141* 印象的本性。最后，若是联姻配置因为它在财富继承或转让中可能起的作用而十分依赖于经济的话，那么性经验配置则是通过许多微妙的中介而与经济相联系的，而且主要是通过身体，即进行繁衍与消费的身体。简言之，联姻配置被纳入它要维护的社会机体的一种内在稳定性之中。因此，它与法律之间有着特殊的关系；而且，对于它来说，重要的时刻是"生育"。性经验配置的存在理由不是生育，而是以日益细致的方式增加、更新、连接、发明、渗透各种身体，以日益周全的方式控制人口。据此，我们必须承认三到四个论点，它们与有关一种被现代社会形式所压抑的性经验的观点不同。它们分别是：性经验是与最近一些权力配置联系在一起的；从 17 世纪以来，它一直处于不断扩张之中；自此以后，支撑它的配置没有被纳入生育之中；而是从一开始就与强化身体——强调身体是知识的对象和权力关系中的要素——联系在一起。

　　说性经验配置取代了联姻配置，这并不正确。我们可以

想象有一天它也许会取代后者。但是事实上，在今天，若是它想掩盖联姻配置，那么它既没有取消它，也没有让它毫无用处。而且在历史上，性经验配置正是以联姻配置为中心并且从它出发建立起来的。忏悔实践，以及后来的良心考验和精神指导，曾是性经验配置形成的核心；然而，我们已经看到 [1]，首先出现在忏悔法庭上的，是作为各种性关系的依托的性；提出的问题是有关应允的或禁止的性交易（通奸、婚外性关系、与有血统禁忌或身份禁忌的人发生的性关系，交媾行为的合法性与非法性）；后来，随着新的教士守则的出现以及它在各处讨

---

① 参见边码第 51 页。

论班、学校和修道院中的应用，人们渐渐地从对性关系的质疑转向了对"肉体"的质疑，即对身体、感受、快感的本性、最隐秘的情欲活动、微妙的乐趣形式和赞同形式的质疑。这时，"性经验"正在诞生之中，它是从一种源于联姻的权力技术中诞生的。从此，它再没有中断与联姻体系的关系，而且一直从后者获得支持。在 18 世纪，一直被强调的家庭这一细胞允 许性经验机制的主要要素（女人的身体、儿童的早熟、计划生育、在最小范围内规范性倒错者）在两个主要方向——夫妻轴与父母—子女轴——上发展。我们不必把当代家庭形式理解为一种排除性经验或者至少是压制性经验的社会的、经济的和政治的联姻结构，尽可能地削弱性经验，只保留其有用的功能。它的作用却相反，是要拴住性经验，然后永久地支持性经验。现代家庭形式还确保与联姻的各种特权性质不同的性经验的生产，允许各个联姻体系被它们原来忽视的一种新的权力战术所渗透。家庭是性经验与联姻的交换器：一方面，它把法律与司法维度带入性经验的配置中；另一方面，它又把快感结构与感受强度带入联姻制度中。

联姻配置与性经验配置的这种在家庭形式中的相互依附，让我们可以理解许多事实：家庭从 18 世纪以来成了感情与爱的一个必要场所；家庭是性经验出现的一个特殊场所；为此，性经验一出世就是"乱伦的"。在联姻配置占优势的社会中，乱伦禁忌也许是一种功能上不可或缺的规则。但是，在我们当今社会中，家庭是性经验最活跃的中心，而且，正是性经验的

143

144

各种要求维持和延长了家庭的存在，因此，乱伦出于完全不同的原因，以完全不同的方式占据了中心地位。它作为被人萦怀和呼唤的对象、可怕的隐秘和必不可少的关节，不断地被人需要和拒绝。只要家庭是作为联姻配置起作用的，那么乱伦在家庭中就会被严格地禁止。但是，为了让家庭成为煽动性经验的永久中心，它还是不断地被人们需要。若是西方在一百多年的时间里对乱伦禁忌非常感兴趣，若是大家大致上同意它是一种社会普遍性和通向文化的必经之点，那么人们也许从中发现了一种自卫的手段，它不是用来反对一种乱伦欲望，而是为了反对这一性经验配置的扩张与各种内涵。不过，在性经验配置的各种利益中，其缺陷在于忽视了法律和联姻的各种司法形式。所有社会（包括我们的社会在内）都遵循这一规则中的规则，保证这一性经验配置（人们已经开始操纵它的各种奇特影响，其中包括对家庭空间的感情强化）无法回避古老的宏大联姻体系。因此，即使在新的权力配置中，法律也是安全的。因为这正是这一社会的悖论：从 18 世纪以来，社会发明了如此众多的不同于法律的权力技术：它害怕这些技术的影响和增多，试图用法律形式来重新规范它们。若是人们承认一切文化的门槛是乱伦禁忌，那么性经验一开始就处于法律的影响之下。民族学长期以来不断地重新阐释跨文化的乱伦禁忌理论，有助于近现代性经验配置和它所产生的各种理论话语。

17 世纪以来所发生的一切可以这样来解释：性经验配置首先是在家庭制度的边缘上（在良心指导中、在教育学中）发展起来的，它将逐渐地重新以家庭为中心；它可能为联姻配置提供的奇特的、最终的和危险的东西——对这一危险的意识表现在对导师们的轻率言行的批评和随后有关私人的或公共的、体制的或家庭的儿童教育的论争中——被家庭——一个与它过去在联姻配置中所起的作用相比被重新组织、紧缩和强化的家庭——重新考虑过 ①。父母、配偶在家庭中成了性经验配置的主要代表。性经验配置在外面依赖于医生、教师，后来是精神病医生，在内部则让联姻关系双重化、"心理学化"或"精神病学化"。于是，一些新的人物出现了：神经质的女人、性冷淡的妻子、无动于衷的母亲或者受谋杀念头困扰的母亲，性无能的、虐待狂的和性倒错的丈夫，歇斯底里的或神经衰弱的少女，早熟却已虚脱的儿童，不愿结婚或冷落妻子的同性恋男青年。这些是不正当联姻与反常性经验的混合形象；它们把后者的麻烦纳入前者的秩序之中。它们也为联姻体系强调它在性经验秩序中的权利提供了机会。于是，从家庭中不断地产生出一种要求：要求人们帮助家庭解决性经验与联姻之间这些不幸的冲突；而且，被这一性经验配置（它从外面包围家庭，把它确定为现代形式的家庭）控制的家庭，向医生、教师、精神病医生、教士和牧师，向所有可能的"专家们"没完没了地抱怨它所忍受的性痛苦。这一切好像是，它突然发现了人们让它铭记

① 虽然莫里哀的《伪君子》和兰茨的《家庭教师》相隔一个多世纪，但是它们都描写了性经验配置对家庭配置的干预。前者有关精神引导，而后者涉及教育。

第四章　性经验的机制

于心并不断地向它建议的可怕秘密：作为联姻的基石，它是所有性不幸的根源。至少从 19 世纪中叶开始，家庭就在自身中捕捉性经验的蛛丝马迹，从自身中逼出最艰难的忏悔，要求一切可能了解情况的人长久地倾听，一步步地接受无数的审查。家庭就是性经验配置中的晶体：它看来是在传播一种实际上被它反射和衍射的性经验。通过它的可渗透性和这一向外界传递的活动，它对于这一配置来说是最珍贵的战术要素之一。

但是，这并不意味着没有冲突和问题。在这一方面，夏尔科无疑是一位中心人物。在一段时间里，他一直是那些充满这一性经验的家庭向其寻求诊断和照顾的医生中最著名的一个。他曾接待过来自世界各地的带孩子来的父母、陪妻子来的丈夫、陪丈夫来的妻子。他经常告诫他的学生们，首先要做的事就是把"病人"与他的家属分开。要想好好地观察病人，就要尽可能少地听病人家属的啰嗦①。他试图让性经验领域摆脱联姻体系，从而直接通过一种医学实践（其技术和自主性得到了神经学模式的保障）来对付它。于是，医学出于自身的考虑，根据专业知识的各项准则，敦促家庭把性经验作为一项主要

---

① 夏尔科的《星期二门诊课》，1888 年 1 月 7 日："为了好好地治疗一个歇斯底里的女孩，不应该让她和父母呆在一起；必须把她送到一家医院……你可知道被娇惯的女孩在离开母亲后哭着要母亲达多长时间？……如果你愿意，让我们取个平均数，半小时，这还不算很长呢。"

1888 年 2 月 21 日："在男孩的歇斯底里病例中，我们必须把他们与母亲分开。只要他们与母亲在一起，那么什么事也做不成……父亲有时与母亲一样令人难以忍受；因此，最好是把他们两个都摆脱掉。"

任务和一个主要危险来关心。夏尔科多次指出过要让家庭把它带来的病人"交给"医生是多么困难，指出过家属们是如何站在那些把病人隔离开来的医院的周围，以及又是怎样不断地干扰医生的工作。其实，家属们不必为此感到焦虑：医生的治疗只是为了送还给他们一个个在性方面与家庭体系协调一致的个人。而且，这一治疗只是针对性的身体，并不允许病人用清晰的话语来自我表白。人们不应该谈论这些"生殖病因"。这是夏尔科在 1887 年的一天低声说出的一句话，恰好被我们时代最著名的耳朵无意中听见了。

精神分析进入了这一互动领域之后，极大地改变了不安和安心的方式。它一开始就会引起怀疑和敌视，因为它把夏尔科的学说推到了极端，开始在家庭控制之外到处观察个体的性经验。它没有把这一性经验涵盖在神经学的模式中就揭示了这一性经验。确切地说，它在对这一性经验的分析中质疑了各种家庭关系。但是，请看，在它的技术模式中把对性经验的坦白置于家庭主权之外的精神分析，在这一性经验的内部找到了作为其构成原则和认识密码的联姻法律、婚礼与亲属关系的混合作用、乱伦。在每个人的性经验的基础上，人们将会重新发现父母—孩子的关系，一旦一切都显示出相反的发展过程，性经验配置将会被允许依附在联姻配置之上。性经验本性上是与法律无关的，但这没有什么危险，因为性经验正是被法律构成的。父母们，你们不要害怕带你们的孩子来接受分析：它会告诉他们，无论如何，他们爱的是你们。孩子们，你们也不要过分抱怨自己不是孤儿，不要抱怨在内心深处总是一再发现母亲是自己的欲望对象，或者是父亲那至高无上的形象。你们只有通过他们才会产生欲望。由此，经过许许多多的迟疑之后，在联姻配置与家庭体系都需要加强的各个社会中出现了进行大量精神分析的消费需求。因为这就是这一性经验配置的历史中的一个基本点：它是与古典基督教中的"肉体"技术一起产生的，依赖的是联姻体系以及管理它的规则；但是，它在今天却起着一个相反的作用；正是它企图支撑古老的联姻配置。从良心指导到精神分析，联姻配置与性经验配置经过三个多世纪的缓慢历程，相互转化，最终交换了彼此的位置；在基督教的教士守则中，联姻法则规范了正在被发现的这一肉体，一开始就把它强行纳入一个司法架构中；在精神分析出现之后，赋予联姻法则以形式与生命的是性经验，它让联姻法则充满了欲望。

在本卷之后的各种研究中，我要分析的领域就是这一性经验配置：它是根据基督教的肉体观念形成的，然后通过19世纪出现的四大战略发展起来的。这四大战略分别是：儿童的性化、女人的歇斯底里化、性倒错者的分类和人口的调节。所有这些战略都经过家庭，不过，必须看到，家庭不是一种禁忌的力量，而是性化的主要因素。

第一个阶段对应的是提供"劳动力"（因此不要有任何无益的"消费"，不要浪费能量，所有的力量都只用在劳动上）的需要和确保劳动力的繁衍（夫妻、计划生育）。第二阶段对应的是"晚期资本主义"（*Spätkapitalismus*）时代，其中对工薪劳动者的剥削并不要求像 19 世纪那样的一些粗暴的身体约束，而且，身体的政治也不需要忽略性了，或者性只限于繁衍这种单一的功能。这一政治通过它的多重管道进入受控制的经济循环之中：一种超压抑的反升华作用。

然而，若是性政治本质上没有实施禁忌法律，而是实施一整套的技术机制，如果这涉及的是"性经验"的生产，而不是性的压抑，那么我们必须抛弃这样一种时代划分，改变对"劳动力"问题的分析，放弃啰嗦的唯能论，后者认为性经验是因为经济原因而受到压抑的。

四

分　期

　　　如果说性经验史是以压抑机制为中心的，那么它经历了两次断裂。一次发生在 17 世纪，那时产生了各种主要的禁忌，人们认为惟有成人的性活动和夫妻的性活动才是有意义的，为人要求体面，必须回避肉体，对于性要三缄其口，用词要有羞耻感。另一次发生在 20 世纪，它与其说是断裂，不如说是一次曲线弯折的现象：这时，压抑机制开始松懈了，大家不再坚持严格的性禁忌，对于婚前的或婚外的性关系相对容忍；对于"性倒错"的非议也减弱了，法律对它们的定罪也部分取消；而且，大家在很大程度上解除了压抑男童性活动的禁忌。

　　　我们必须试图勾勒出这些过程的编年史：性技术的发展、手段的变化及其残余。但是还有它们运作的时间表、它们传播和发生影响（顺从与抵抗）的年代表。不过这些多种多样的时间并不符合我们习惯确定在 17 世纪与 20 世纪之间的这一宏大的压抑周期。

1. 性技术的编年史可以上溯到很远。我们必须研究它们是如何在中世纪基督教的忏悔实践中形成的，或者更确切地说，它们是如何在拉特兰会议以及 14 世纪以来获得长足发展的禁欲主义、精神训练和神秘主义强迫所有信徒进行定期的和毫无保留的坦白之中形成的。宗教改革和随后的特兰托会议的天主教教义标志着"传统的肉体技术"经历了一次重要的变动和断裂。但是，这次断裂的深刻性不应该被误解。它并不排除在良心考验的天主教方法和牧师指引的新教方法中的相似之处：各种分析和谈论"色欲"的程序以不同的微妙方式在各处确定下来。这一丰富而精致的技术从 16 世纪以来经过长期的理论解释获得了长足的发展，最后于 18 世纪末分别在阿尔芬斯·德·利古奥里的较为缓和的严格主义和维斯勒的教学法中固定下来。

然而，就在 18 世纪末，由于各种有待确定的原因，产生了一种崭新的性技术。说它是崭新的，这是因为虽然没有摆脱罪恶的论题范畴，但是它却从根本上避开了教会机构。经过教学法、医学和经济这些中介环节，它不仅把性变成一种世俗事务，而且还把它转变成一种国家事务。这也就是说，它使得全社会及其每位成员处于相互监督之中。此外，还因为它是按照三条轴线发展的：以儿童特殊的性为对象的教学法、以妇女性生理学为对象的医学和以自发的或审慎的计划生育为对象的人口学。"青少年的罪恶""神经病"和"伪生育活动"（大家后来称这些为"致命的秘方"）因此代表着这一新技术的三个特殊的领域。毫无疑问，这一新技术在这三个领域里都简单地重复了基督教早已使用的方法：儿童的性在基督教的精神教学法中已经遭到质疑（值得注意的是，在 15 世纪里，一位叫日尔松的教育家和神秘主义者就写了第一篇讨论"疲软病"的罪恶的文章；到了 18 世纪，德克尔在《手淫论集》中逐字逐句地分析了英国牧师提出的例证）。到了 18 世纪，神经医学与眩晕医学也开始分析曾经在良心指引和精神考验的"吐露真情"的实践中引起重大危机的中邪现象（神经疾病当然不是中邪的根源；但是研究歇斯底里病的医学却是与古代对"着魔的人"的指引有关的）。有关出生率的运动则以另一种形式和在另一个水平上改变了基督教用忏悔的方式对夫妻性关系的控制。这一可见的连续性并不妨碍主要的转变：从此，性技术从根本上被纳入医疗制度、规范要求之中，即不再涉及死亡和永久惩罚的问题，而是有关生命和疾病的问题。"肉体"突然之间转变成了机体。

这一变动发生在 18 世纪和 19 世纪的转折期。它还为衍生的其他转变开辟了道路。其中之一就是首先把性医学从一般的肉体医学中分离出来；它把不引起机体变化的又能够表现出结构畸形、后天偏差、残疾或病理过程的性"本能"独立出来。海因里希·卡恩在 1846 年发表的《性心理变态》可以视为标志：由此开始了性对肉体的相对自律、医学与"矫形外科学"的相互关联、"性倒错"的医学—心理学这一庞大领域的开放（它取代了有关荒淫或放荡的古代道德范畴）。同时，遗传分析让性（性关系、性病、夫妻性关系、性倒错）承担起对人类的"生物责任"：不仅性可能受到各种性病的影响，而且如果不加控制，它能够传播疾病，或者遗传给子孙后代；它因此成了人类一切病理资本的根源。由此产生了对婚姻、出生和寿命进行国家管理的医疗的和政治的规划，性及其生育力必须受到管制。性倒错的医学和优生主义项目是 19 世纪下半叶性技术的两大革新。

这两次革新易于相互衔接，因为"变态"理论允许它们永远相互传承；它说明了不同疾病——机体的、功能的或心理的疾病——的深度遗传怎样最终产生出性倒错（在对露阴癖者或同性恋者的谱系学研究中，你们会找出一个古代的偏瘫患者，一个患有肺结核的父亲或母亲，或者一个患有老年痴呆症的叔父）；但是它还解释了性倒错如何使得患者断子绝孙——孩子患上佝偻病，后代得了不育症。性倒错—遗传—变态这一整体构成了新的性技术的内核。而且，它并不仅仅是一种科学性不足和过于道德化的医学理论。它的扩散面是广大的，并且深深地植根于话语之中。精神病学，还有法理学、法医学、社会控制当局、对危险儿童或处于危险之中的儿童的监督，长久以来都是用来对付"变态"和遗传—性倒错系统的。所有社会实践都赋予这一性技术一种令人生畏的力量和深远的影响，其中国家种族主义是它的夸张的和连贯的形式。

如果我们没有看到精神分析在 19 世纪末中断了与变态的宏大系统的关系，那么它的独特观点就会受到误解。它重新利用了针对性本能的医疗技术的计划，但是它的目的在于让性本能摆脱它与遗传的相互关联，以及它与一切种族主义和优生主义的联系。现在我们可以引证弗洛伊德的规范化意愿。我们还可以揭示精神分析机构许多年来所发挥的作用。在这个有着悠久历史（远远地上溯到西方的基督教统治时期）的性技术的大家族里，以及在那些于19世纪开始性医学化活动的性技术中，精神分析直到20世纪40年代才严格地反对性倒错—遗传—变态系统的政治的和制度的影响。

我们看到：有关所有这些技术及其变动、让位、连续、断裂的谱系学，并不符合古典时代所肇始的一个伟大的压抑阶段的假说，它在20世纪慢慢地终结了。不过，还存在着一个永恒的创造性和丰富的方法与程序。在这一不断发展的历史上，有两个内容特别丰富的阶段：大约在16世纪，良心指引和考验的程序得到了发展；在19世纪初，出现了性的医学技术。

2. 但是以上只是性技术的年代确定。其他还有它们发展和应用的历史。如果我们根据压抑来撰写性经验史，并且把性压抑归因于劳动力的使用，那么我们必须假定性控制之所以得到了更多的强化和关心，只是因为它们是针对贫穷阶级而发的。我们还必须认为，它们遵循的是最大的控制和最全面的剥削的路线：只具有生存力的成熟而年轻的男人应该成为奴役的首要目标，目的在于转移对劳动无用的、追求性快感的能量。然而，事情似乎不是这样进行的。恰恰相反，最严格的性技术是在享有经济特权和政治领导权的阶级中形成的，并且首先最强烈地被应用到这一阶级之中。良心指引、自我考验、一切对肉体罪恶的冗长解释、对色欲的小心探测，许多微妙的程序只能适用于被压抑的组织。阿尔芬斯·德·利古奥里的忏悔方法和维斯勒的规则确保它们更加广泛地传播开去，事实也是如此；但这是以过分简单化为代价的。我们可以说作为控制当局和处于性饱和状态的家庭情况也是如此：在"资产阶级的"或"贵族的"家庭里，儿童的性或青少年的性首先受到质疑，女人的性被医学化。这些家庭首先被告诫注意可能的性病理学、监督性的迫切性和发明一种矫正技术的必要性。因而，家庭首先成为性精神病学化的地方。它第一个进入性亢奋，然后表现出恐惧，发明对付性亢奋的药方，求助于理论技术，以及在重复这些技术和方法过程中，引发了无数的话语。资产阶级一开始就认为自己的性是重要的事，它是脆弱的财富和不能公开的秘密。首先被投入性经验配置的人是最早被"性化"的人之一，千万不要忘了这就是"游手好闲的"女人，她在"世界"中总是必须表现出有价值，在家庭中，她又被授予一份新的婚姻责任和父母责任：由此而产生了"神经质的"女人、患有"眩晕症"的女人。女人的歇斯底里化在此找到了立足点。至于在秘密的性快感中浪费未来资本的青少年，从18世纪末到19世纪末，医生们和教育者们都很关心手淫儿童，他们不是平民的后代和必须被教会如何规范身体的未来工人，而是中学生，被仆人、家庭教师和督导包围的孩子，他们危害的不是身体的力量，而是理智能力和为自己的家庭和阶级保存一个健康后代的道德义务和责任。

对此，下层人民长期以来避开了"性经验"的配置。当然，他们以各种特殊的样式服从于"联姻"配置：对合法婚姻和生育力的强调、对近亲联姻的拒斥和对当地的社会内婚制的规范。相反，基督教的肉体技术对它没有什么重要性。至于性化的机制，它们缓慢地渗透到下层人民之中，经历了三个连续的阶段。首先是关于出生率问题。在18世纪末，人们发现愚弄自然的技艺不是市民和淫荡者的特权，而是由那些接近自然本身、又比其他人更加厌恶愚弄自然的人摆弄。随后，"奉宗教法典为准绳"的家庭组织在1830年左右成为支配城市无产阶级必不可少的政治控制和经济管理的一个工具：即"让穷人阶级道德化"的伟大运动。最后是19世纪末发展出来的以保护社会和种族为名的对性倒错的司法的和医学的控制。我们可以说特权阶级所阐释的具有最复杂的和最强烈的形式的"性经验"的配置传播到全社会的各个部分。但是，它在各处表现出来的形式并不相同，而且在各处使用的工具也不相同（医学机关和司法机关各自的作用在不同的情况下也不相同，而且有关性经验的医学运作的方式也是如此）。

*

这些有关各种技术发明或者它们传播的时间表的编年史回顾有其重要性。它们非常怀疑一种压抑周期的观念，这种压抑周期有始有终，而且至少用自身变化的拐点勾勒出了一条曲线。它们认为很可能并不存在一个性压制的时代，它们还让人怀疑在社会的所有层面上和所有阶级中存在着相同的过程：不存在一个统一的性的政策。但是，它们特别让这一过程的意义及其存在的根据成了问题：性经验的配置并不是传统所称的"领导阶级"限制其他人快感的原则。相反，这些"领导阶级"首先限制自己的快感。这是不是资产阶级禁欲主义的新化身呢？这种禁欲主义曾多次被人们从宗教改革、新的工作伦理和资本主义的飞速发展方面描述过。恰当地说，这与一种摒弃快感或贬低肉体的禁欲主义无关，而是要强化身体、质疑健康及其作用的条件；它涉及一些用来最大限度地延长生命的新技术。首先，问题不是有关如何压抑被剥削阶级的性欲，而是涉及身体、精力、寿命、生育和"统治"阶级的后代。性经验的配置最初就是这样被确立为有关快感、话语、真理和权力的新分布。在此，我们必须怀疑的是一个阶级的自我肯定，而不是对另一个阶级的奴役：一种防卫、一种保护、一种强化和一种夸奖，它们后来——在经过了一些不同的变化之后——被延伸到了其他阶级身上，作为经济控制与政治约束的手段。在通过自己发明的一种权力的和知识的技术建立起自己的性欲的过程中，资产阶级强调它的身体、感受、快感、健康、寿命在政治上的重要价值。在所有这些程序中，我们不要孤立地看待其中可能有的限制、羞耻、躲闪或沉默，以便把它们归咎于某个基本禁忌、抑制或死亡的本能。这是对生命的一种政治安排，它不是在对其他人的奴役中，而是在自我肯定中被建立起来的。既然性不是只用来生育的，在18世纪占据霸主地位的资产阶级不相信一定要把无用的、浪费的和危险的性从自己的身体上剔除掉。与此相反，我们可以说，资产阶级热衷于关心、保护、培养身体，预防它遭受任何危险，避免任何接触，为了让它保持自身特殊的价值，还把它与其他东西隔离开来。为此，资产阶级特别使用了一种性技术。

164 性不是资产阶级为了让它所统治的人从事劳动需要贬低或取消的身体的一部分，而是资产阶级自身的一个要素。比起其他阶级来，资产阶级更加关心性、担忧性，一方面，性激发和获得了资产阶级的关心；另一方面，资产阶级又带着恐惧、好奇、快乐和狂热的复杂心情培养性。资产阶级让性与它的身体融为一体，或者至少让它的身体听命于自己，为此，它赋予性一种凌驾于自己身体之上的神秘的和无限的权力。它还让性为它未来的健康负责，从而把自己的生死与性连接在一起。它把自己的未来托付给了性，认定性对自己的后代必然会产生影响。它让自己的灵魂服从性，认为性构成了其灵魂中最隐秘和关键的要素。我们不要以为资产阶级是为了很好地拒绝其他人享有性欲和随意地享用它的权利而象征性地自我阉割。相反，我们应该看到，从18世纪中叶开始，资产阶级努力地给出一种性经验，并且从中塑造出一种特殊的身体，一种有着健康、卫生、后代和种族的"阶级"的身体：它的身体的自我性化

（autosexualisation）、性在其身体中的体现、性与身体的结合。毫无疑问，原因很多。

首先，贵族为了标明和维护自己独特的等级所使用的各种方法发生了一种转换（une transpositon），转变成了其他形式。因为贵族阶级曾证明了其身体的特殊性；但是，这是以"血统"的方式出现的，即直系亲属和联姻要追溯到远古时代。资产阶级则相反，为了给出一个身体，它是从它的后代和自己的机体健康方面着眼的。资产阶级的"血统"就是它的性。这不是在玩文字游戏。尽管许多贵族等级特有的行为举止的主题在 19 世纪的资产阶级那里重新出现过，但却是以生物学的、医学的或优生学的戒律的名目出现的。谱系学的担忧变成了对遗传的关注。在婚姻中，人们考虑的不仅是经济律令和社会同质性的规则，不仅是有关遗产的承诺，而且是遗传的威胁。一些家庭带有和隐藏一种倒置的和灰暗的徽章，其中有一些不光彩的地方，它们是亲属关系中的疾病或缺陷——祖父的综合麻痹症、母亲的神经衰弱、小妹的肺结核、患有歇斯底里症或色情狂症的姑姑或阿姨们、道德败坏的堂兄弟或表兄弟们。但是，在这一对性欲肉身的关注中，不仅仅从各种贵族主题向以自我肯定为目的的资产阶级的转变。它还与另一个规划有关：即力量、精力、健康和生命的一种无止境的扩张。强调身体必须与建立和增强资产阶级霸权联系起来。然而，这不是由于劳动力所具有的商业价值，而是因为有关资产阶级的身体的"教化"。在政治、经济和历史方面对资产阶级的现在和未来可能产生的影响。资产阶级的统治部分地取决于它。这不仅是经济或意识形态方面的事，而且是"身体"方面的事。可资佐证的是，18世纪末出版了大量有关身体保健、长寿技艺、让孩子健康并尽可能地延长生命的方法、改进人类后代的方式的著作，它们证明了这一对身体和性的关注是与一种"种族主义"相关的。但是，这种种族主义与贵族主要出于保守目的所表现出来的种族主义相当不同。这是一种动态的种族主义，一种扩张的种族主义，即使它还只是处于萌芽状态，而且，它也许要等到19世纪下半叶才可以长出我们现在已经品尝过的果实来。

但愿那些认为资产阶级忽略身体和压抑性经验的人，那些认为阶级斗争隐含着为解除这一压抑而斗争的人会原谅我。也许，资产阶级的"自发的哲学"不是人们所说的理想化的，也不是被阉割的。总之，它首先关心的是给自己一个身体和一种性经验——通过组织一种性经验的配置来确保这一身体的力量、耐力和长久的生殖力。而且，这一过程是与资产阶级用来确证它的独特和霸权的运动分不开的。毫无疑问，必须承认，阶级意识的初始形式之一就是对身体的肯定；至少，对于18世纪的资产阶级来说，情况就是这样。它把贵族们的高贵血统改变成了一个强壮的机体和健康的性经验。由此，我们明白了为什么资产阶级在如此长的时期里对于承认其他阶级（即被它剥削的阶级）也有身体和性，有相当多的保留。无产阶级的生活条件，尤其是在19世纪的上半叶，表明了人们还没有关心

起它的身体和性 ① ：这些人是死是活并不重要，总之，他们会独自地繁衍自己。为了给无产阶级提供一个身体和性经验，为了让它的健康、性欲和生育成为问题，一定会发生各种冲突（特别在城市空间方面：共同居住、拥挤、污染、流行病，如1832 年的霍乱，或者还有卖淫和性病）；一定会有各种经济要求（重工业的发展必然需要一批稳定的和有竞争力的劳动力，必须控制人口流动和使用人口统计法）；最后，还必须确立一种控制技术，它让人可以监督资产阶级最终承认的无产阶级的身体和性经验（学校、居住政策、公共卫生、各种救济与保险制度、人口的普遍医疗化，简言之，一整套的行政与技术机构可以让人不冒风险就把性经验的配置带入被剥削的阶级之中；当然，它不会冒险在资产阶级面前发挥一种阶级认同的作用。*168*它仍然是资产阶级霸权的工具）。因此，无产阶级是有保留地接受了这一配置的；而且，它会说这一套性经验是资产阶级的事，与它无关。

有些人以为自己可以同时斥责两种对称的虚伪：一种是占统治地位的资产阶级的虚伪，它否定自身的性经验，另一种是派生的无产阶级的虚伪，它通过接受对方的意识形态而摒弃了自己的性经验。其实这误解了资产阶级在一种傲慢的政治肯定中被赋予一种多嘴多舌的性经验的过程，而且，因为这一性经

---

① 参见卡尔·马克思：《资本论》第一卷，第十章，第二节"贪求剩余劳动的资本"。

验随后是出于奴役的目的被强加给无产阶级的，所以无产阶级曾长期拒绝接受它。如果"性经验"真的是在身体、行为、社会关系中由一种属于复杂的政治技术的配置产生的效果总和，那么必须承认，这一配置在不同的地方，运作的方式是不对称的，因此，它产生的效果也各不相同。由此，我们应当回到长期以来被指责的一些说法上去；必须指出，存在着一种资产阶级的性经验，存在着各种阶级的性经验。或者毋宁说，性经验在历史上最初是资产阶级的，它在自身的连续变动和转换中派生出了各种特殊的阶级效果。

*

　　再说一点。在整个 19 世纪里，从霸权中心开始，出现了性经验配置的普遍化。尽管使用了不同的工具，最终社会机体以某种方式被赋予了一种"性的身体"。这是性经验的普遍性吗？在此，我们发现其中引入了一种新的异化要素。这有点像资产阶级在 18 世纪末把自己的身体和自己珍贵的性经验与贵族们的高贵血统对立起来，直到 19 世纪末，它才试图面对其他人的性经验，重新界定自身性经验的特殊性，以不同的方式重新把握自己的性经验，划出一条保护和使自己的身体与众不同的分界线。这条线不是为了恢复性经验，而是阻碍它。正是禁忌制造了差异，或者至少是实施禁忌的方式和它强加的严格性。这里是压抑理论的源头，它渐渐地涵盖了整个性经验的

　　　　　　　　　　　　性经验史第一卷：认知的意志

配置，赋予它一种普遍化禁忌的意义。它在历史上是与性经验配置的扩散相关的。一方面，它要证明它的扩张是有权威和约束力的，提出了所有的性经验必须服从法律的原则，确切地说，这一原则就是，性经验之所以是性经验，只有用法律的效果来确定：不仅应该让你的性经验服从法律，而且除非你受法律的约束，否则你不会有一种性经验。但是，另一方面，压抑理论将会通过对各种禁忌的异化活动的分析，根据各个社会阶级来补偿性经验配置的普遍扩散。18 世纪末的话语是这么说的："在我们之中有一个有价值的要素，若是我们不想让它产生出无数的罪恶来，那么我们必须害怕它、容忍它，尽可能关心它。"后来又转变成了这样一套话语："我们的性经验不同于其他人的性经验，它服从于一个十分强烈的压抑体制，以致从此其中就有了危险；性不仅成了一个可怕的秘密，像那些精神导师、道德家、教育者和医生们不断地告诫前几代人一样，我们也不仅要揭示它的真相，而且，若是它自身就有这么多的危险，那么无论出于审慎、对罪恶的过分敏感，还是虚伪，我们都让它沉默得太久了。"从此，社会的差异化不再是通过身体的"性欲"质量，而是借助压抑的强度来自我肯定了。

　　精神分析就是在这个时候出现的：它同时既是法律与欲望相互从属的理论，又是用来消除各种禁忌效果的技术（其中，它的严厉性让禁忌成了致病的原因）。当心理分析在历史上出现时，它是无法与性经验配置的普遍化以及由此产生的各种区分化的次级机制分割开的。由此观之，乱伦问题还是有意义的。一方面，我们看到，乱伦禁忌是作为绝对普遍的原则被提出的，它使人可以同时思考联姻体系和性经验配置。这一禁忌，无论方式如何，对于所有社会和个人都是有价值的。但是，精神分析在实践中赋予自身的任务是给那些能够求助于它的人消除它可能引发的各种压抑后果。它允许他们说出他们的乱伦欲望。然而，与此同时，在农村或某些精神分析尚未涉足的城市地区，出现了有组织的围捕乱伦行为的运动：为了终止乱伦行为，在行政与司法上进行了严密的布控。一切有关保护儿童或让"处于危险之中"的未成年人受到监护人的保护的政策，其目的部分是让他们脱离那些被怀疑有乱伦行为的家庭——即看他们是否缺少地位、是否有可疑的亲近行为、荒唐的习惯、野蛮的"原始性"或变态。虽然性经验的配置从 18 世纪开始就加强了父母与孩子之间的感情关系和身体的亲近，虽然在资产阶级的家庭中一直存在着乱伦煽动，但是，被应用到那些下层阶级身上的性经验配置却包含着对各种乱伦行为的

172 排斥，或者至少是它们的方式发生了变换。当乱伦一方面被作为行为围捕时，另一方面，精神分析却努力让它作为欲望呈现出来，并且为那些受其折磨的人消除压抑欲望的严厉性。我们不要忘记有关俄狄浦斯情结的发现是与确立父权失势的司法制度（在法国，它是通过 1889 年和 1898 年的法律而被确立的）同时的，当弗洛伊德发现朵拉（Dora）的欲望并且让她说出来时，人们使用各种手段在其他一些社会阶层里消除所有这些受谴责的亲近行为。一方面，父亲被树立为被迫的爱恋对象，

性经验史第一卷：认知的意志

但是，另一方面，如果他是一位求爱者，那么他就会被法律判定为堕落的人。因此，作为保守的治疗实践，精神分析在当今普遍化的性经验配制中，与其他方法相比，起着一种区分的作用。那些曾失去关心自身性经验的独一无二的特权的人，从此以后就有了比其他人更多地体验到性禁忌的特权，有了可能解除压抑的方法。

从古典时代发展起来的性经验配置的历史，对于对精神分析的考古学研究可能是有价值的。其实，我们已经发现，精神分析在这一配置中同时起着许多作用：它是性经验依附在联姻体系之上的机制；它处在与变态理论相反的位置上；它在性的一般技术中是作为区分要素起作用的。围绕着它，长久以来所形成的忏悔的重大要求获得了一个旨在消除压抑的命令的新意义。揭示真理的任务现在就与质疑禁忌联系在一起了。

173

然而，这开启了重大的战术变化的可能性：根据普遍化的压抑，重新解释全部性经验的配置；把这一压抑与各种统治的和剥削的普遍机制联系起来；把那些使人得以摆脱统治和剥削的手段相互联系起来。因此，在两次世界大战之间，以赖希为中心形成了对性压抑的历史—政治的批评。这一批评的价值及其效果在现实中是巨大的。但是，其成功的可能性是与如下事实相关的，即它总是展现在性经验的机制中，而不是外在于它或反对它。在西方社会的性行为中，许多事情都可能改变，而赖希在此所做的承诺或政治条件却没有一个得到实现，这一事实足以证明，所有这类性"革命"，所有这种"反压抑的"斗争只是代表了性经验的巨大配置中的一次战术变换和转向，既不多一点，也不少一点。这一点已经是相当重要的了。但是，我们还明白了为什么无法要求这一批评成为这一配置历史的框架，也不能要求它成为解除这一配置的原则。

第五章

死亡的权利和管理生命的权力

长期以来，君主权力的典型特权之一就是生与死的权利。无疑，它形式上源自古老的"patria potestas"（父权），它赋予罗马家庭的父亲"处置"子女和奴隶生命的权利。他"给予了"他们生命，也可以收回。古典理论家们所阐述的生与死的权利，其生杀予夺的色彩已经大大淡化。上自君主，下至他的臣民，他们并不认为权力的行使是绝对的和无条件的，相反，君主只在自身受到威胁时才会行使它：它是一种后发制人的权利。是不是受到外部敌人的威胁，他们要推翻他或质疑他的权利？真是这样的话，君主可以合法地宣战，要求他的臣民们参加保卫国家的战争。他并不"直接地要求他们去死"，而是合法地"让他们去冒生命的危险"：在这一意义上，他向他们行使了"间接的"生死权利。① 一旦他们中有谁敢反对他，并且违反了他的法律，那么他可以向他的生命行使直接的权力：他会以有罪必罚的名义把他杀掉。如此看来，生死权利不再是一种绝对的特权：它受到保卫君主及其生存的限制。我们是否一定要和霍布斯一样把它理解成每个人把在自然状态所拥有的为了保卫自己的生命不惜牺牲他人的权利让渡给君主呢？

---

①　S. 普芬道夫：《自然法》（1734 年法译本），第 445 页。

或者一定要在此发现一个与君主这一新的法律存在的形成一起出现的特殊权利呢？[①]总之，现代形式的生与死的权利是相对的和有限的，而古代形式下是绝对的，但是它们都是一种不对称的权利。君主只有在行使或保留生杀权利时才会实施放生的权利。他只是通过有能力让别人死才显示出自己对生命的权力。事实上，被说成是"生杀权利"的权利是"让"别人死或"让"别人生的权利。总之，它的象征物是剑。也许，我们必须认为这种法律形式是发生在一种特定历史形式的社会之中的，其中行使权力的主要是征收机关、巧取豪夺的机关、把一部分财富据为己有的权利，以及向臣民勒索财物、服务、劳动和生命的权利。这里，权力首先是获取的权利：获取东西、时间、肉体和生命的权利。它在为了消灭生命而占有生命的特权中达到了顶点。

然而，西方从古典时代起经历了一次权力机制的深刻变化。"征收"不再是权力的主要形式，而仅仅是具有煽动、强化、控制、监督、抬高和组织各种力量的一个功能部件。它是一个旨在生产各种力量、促使它们增大、理顺它们的秩序而不是阻碍它们、征服它们或者摧毁它们的权力。死的权利从此也发生了变化，或者至少逐渐求助于支配生命的权力要求，并且

---

① "正如一个化合物能够具有那些以混合方式构成它的简单物体所没有的特性，一个道德团体，由于它是个人的联合而组成的，它能够具有每个人所没有的某些权力，而且它只属于那些行使这些权力的领导人。"普芬道夫，《自然法》（1734 年法译本），第 452 页。

开始被纳入这些要求之中。这一建立在君主保卫自己或要求大家保卫其权利的基础之上的死亡，成为了社会团体确保他的生命、支持它或发展它的权利的反面。然而，没有什么比 19 世纪以来的战争更加血腥了，比较起来，在此之前的政体从没有对自己的人民实行过类似的大屠杀。但是这种巨大的死亡权力——也许正是凭借它的部分力量和愤世嫉俗的原因，它已经大大地扩大了它的界限——现在呈现为一种对生命施加积极影响的权力的对等物，它努力管理、优化和增加它，使它受到精确的控制和全面的规定。战争不再是以保卫君主的名义发动的，而是为了确保大家的生存。于是，有人以人民生存的必要性为幌子煽动全体人民起来相互残杀，屠杀成为维持生存的最根本的条件。作为生命和生存、肉体和种族的管理者，许多政体可以发动许多战争，杀死许多的人。通过这样冤冤相报，战争的技术手段愈是趋向彻底毁灭，发动战争和结束战争的决定就愈来愈取决于赤裸裸的生存问题，今天，原子时代的情况就是达到了这一过程的终点：把人口置于一个普遍死亡的危险境地的权力成了维护生存的权力的反面。能够杀人是为了能够生存，这一原则是战争战术的基础，它也成了国家之间的战略原则。但是生存不再是君主的法律存在，而是人口的生物存在。假若屠杀是现代权力的梦想，那么这不是古老的杀人权利在今天的回潮，而是因为权力是在生命、人类、种族和大规模的人口现象的水平上自我定位和运作的。

　　这里，我可以在另一个层面上以死刑为例。长久以来，它和战争一起是死亡权利的另一种形式。它是君主对反对自己的意愿、法律和人格之人的回应。与在战争中死亡的人相反，死在断头台上的人愈来愈少，但是，鉴于同样理由，前者愈来愈多，后者愈来愈少。既然权力的作用就是管理生命，那么导致死刑愈来愈难以执行的原因不是人道主义情感的产生，而是权力存在的理由及其运作的逻辑。如果权力的主要作用是确保、维护、强化、增加生命和理顺生命的秩序，那么它怎么能够行使它的最高特权来推行死刑呢？对于这样一种权力而言，死刑是界限、丑闻和矛盾。因此，人们只能因为罪犯的罪大恶极和无法改造才使用死刑来保护社会，而不是根据犯罪数目的庞大来实施死刑。只有那些对其他人构成一种生命威胁的人才会被依法处决。

我们可以说"让"人死或"让"人活的古老权利已经被"让"人活或"不让"人死的权力取代了。也许这说明了近来死刑仪式的废除标志着对死亡的否定。大家对规避死亡的关心是与对我们社会无法承受死亡的一种新的担忧无关的，因为权力过程是不停地偏离死亡的。随着从一个世界过渡到另一个世界，死亡就是一个世俗君权被另一个更强大的君权所取代。而围绕在这一死亡周围的豪华排场则属于政治庆典的范畴。权力对于现在的生命及其全部过程建立起了它的控制机制。死亡就是生命的界限和避开生命的时刻，它成了生存最秘密和最"内在的"所在。过去，自杀是犯罪，因为它篡夺了原本只属于君主的杀戮权利；但是到了19世纪，自杀却变成了社会学分析的首要行为之一。对此，大家千万不要大惊小怪。自杀在控制生命的权力的边缘地带展现了个体的和私人的死亡权利。这种对死亡的执著在其表现上是如此的奇特、规范和恒常，其结果又难以根据个体的特殊性或偶然性来解释清楚，它是最早引起社会震惊的事件之一，因为主导我们社会的政治权力是以管理生命为任务的。

具体说来，这一管理生命的权力自 17 世纪以来发展出两种主要形式。它们之间不是正反题的关系，相反，它们构成了权力发展的两极，并且通过一种中介的关系来相互连接起来。其中第一极是以作为机器的身体为中心而形成的：如对身体的矫正、它的能力的提高、它的各种力量的榨取、它的功用和温驯的平行增长、它被整合进有效的经济控制系统之中，所有这些都得到了显示出"规训"（les disciplines）特征的权力程序的保证。在此，"规训"就是"人体的解剖政治"。第二极是在较晚之后才形成的，大约在 18 世纪中叶，它是以物种的身体、渗透着生命力学并且作为生物进程载体的身体为中心的，如繁殖、出生和死亡、健康水平、寿命和长寿，以及一切能够使得这些要素发生变化的条件；它们是通过一连串的介入和"调整控制"来完成的。这种"调整控制"就是"一种人口的生命政治"。身体的规训和人口的调整构成了生命权力机制展开的两极。在古典时代里建立起来的这一伟大的双面技术——既是解剖学的，又是生物学的；既是个别化的，又是专门化的；既面向身体的性能，又关注生命的过程——表明权力的最高功能从此不再是杀戮，而是从头到尾地控制生命。

以君主权力为代表的旧的死亡力量现在被对身体的管理和对生命的有分寸的支配小心翼翼地取代了。在古典时代里，各种规训——小学、中学、军营、车间——得到了迅速发展。在政治实践和经济观察的领域里，也出现了有关出生率、长寿、公共卫生、居住条件、移民的问题。于是，许多不同的驯服身体和控制人口的技术也一下子涌现出来。由此，一个"生命权力"的时代开始了。它发展出来的两个方向还在 18 世纪里就完全分别开来。在规训方面，有诸如军队或学校之类的机构，有对战术、学徒、教育、社会秩序的反思。它们从德·萨克斯元帅的军事分析直到吉伯尔或塞尔旺的政治梦想。在人口调节方面，有人口学、有对资源与居民之间关系的评估、对财富及其流通、生命及其可能的寿命的图解，如魁奈、莫奥、苏斯米尔西的工作。"意识形态家"的哲学不仅是观念、符号和个人感觉如何产生的理论，而且是有关各种利益的社会组合的理论，意识形态不仅是学艺的理论，而且是契约和社会团体逐步形成的理论，它构成了抽象的话语。大家在这些抽象话语中力图协调好这两种权力技术，以便形成一般的权力理论。事实上，这两种权力的联结不是在反思话语的水平上实现的，而是在构成 19 世纪伟大的权力技术的具体机制的形式中完成的。其中，性经验的配置是最重要的配置之一。

这一生命权力无疑是资本主义发展的一个必不可少的要素。如果不把身体有控制地纳入生产机器之中，如果不对经济过程中的人口现象进行调整，那么资本主义的发展就得不到保证。但是资本主义的发展要求得更多。它要求增大身体的规训和人口的调节，让它们变得更加有用和驯服。它还要求能够增强各种力量、能力和一般生命的权力手段，而不至于使得它们变得更加难以驯服。假如像权力机构这类的庞大国家机器的发展为生产关系提供了保证，那么18世纪所发明的作为在社会机体各个层面无所不在的和被不同的机构（家庭或军队、学校或警察、个人医疗或集体管理）使用的解剖政治和生命政治概念，在经济过程及其发展和维持经济发展的力量方面发生了效应。作为社会分化和等级化的因素，它们对身体规训和人口调节各自的力量发生了影响，保证了控制关系和霸权作用。根据资本的积累来调整人口的增长，以及根据生产力的扩展和利润的不同分配来确定人类群体的增长，从某一方面来说，这些都是由于生命权力按照多种形式和多种步骤的运作才得以可能。对生命体的投资及其价值规定和力量的分配管理在那时都是必不可少的。

186

大家知道，禁欲道德在资本主义的形成时期所起作用的问题，不知被提出过多少次。但是，在18世纪某些西方国家里所发生的与资本主义发展相关的事件，是另一种也许比这一否定身体的新道德具有更加丰富内容的现象。这就是说，生命进入了历史（我是说人类的生命现象进入了知识和权力的秩序之中），进入了政治技术的领域。当然，这并不意味着生命与历史初次接触是从那时开始的。相反，生物因素对历史因素的压力数千年来一直存在，而且极其强烈。流行病和饥荒构成了这一属于死亡范畴的关系的两大悲剧形式。但是，经过一个循环周期之后，18世纪的经济（特别是农业）获得了长足的发展，产品和财富的增加快于它所促进的人口增长，从而使得这些巨大的死亡威胁得到了一点缓解；除了几起突发事件外，大饥荒和大瘟疫的时代在法国大革命之前结束了；死亡从此不再直接威胁生命了。但是同时，生命知识的发展、农业技术的改进和对生命及人类生存的监督和节制都有助于缓解这一死亡威胁：对生命的相对控制避开了一些迫近人类的死亡威胁。权力和知识的机制在其组织和扩大的空间里，注意到生命的各个过程，并且着手控制和改变它们。西方人慢慢地明白了生物在一个生命世界中的含义，以及拥有一个身体、生存的各种条件、生命的各种可能性、个人的和集体的健康、大家可以调节的各种力量和一个它们在其间可以被最佳配置的空间的含义。毫无疑问，在历史上，生物因素首次反映在政治之中，生存事实不再是这个日渐出现在死亡混乱及其致命性中的不可企及的基础。它在某种程度上进入了知识控制和权力干涉的领域。这一领域不再只与权利主体有关，其中死亡是对权利主体的最高控制，而是有关各种生物，它对它们的控制必须转移到生命的层面上。这就是为生命负责，让权力直达身体，而不是以死亡相威胁。假如我们可以把"生命—历史"说成是生命活动和历史进程相互干涉的影响，那么我们谈论"生命—政治"必须是为了指出什么让生命及其机制进入了精打细算的领域之中，什么把权力—知识变成了人类生活变化的主体。但是这不意味着生命

性经验史第一卷：认知的意志

已经完全被各种技术所控制和管理，不再规避它们的统治。在西方世界之外，还存在着饥荒，其规模比任何时候都大。也许在微生物学产生之前，人类面临的生命危险比在任何情况下都要重大和严重。但是我们所谓的一个社会的"生物现代性"的开端，就是人类以进入自己的政治战略为目标。数千年来，人还是亚里士多德所说的：一个非常具有政治生存能力的动物。现代人是政治中的动物，他的作为生物的生命受到了质疑。

这一转变有着巨大的后果。在此，没有必要强调在科学话语中产生出来的断裂，以及生命与人的双重质疑渗透与重整古典知识范围的方式。假如人的生命特殊性以及与其他生命不同的特殊性的问题提了出来，那么原因就在历史与生命的新型关系之中：生命的这一双重位置把生命置于历史之外，作为历史的生物环境；同时又把生命置于人类历史之中，让它的知识和权力的机制渗透到历史之中。同样，也没有必要强调政治技术的增加，它由此而开始包围肉体、健康、饮食和居住的方式、生活的条件和生存的全部空间。

生命技术的这一发展带来的另一个后果就是规范作用的重要性日渐增强，损害到法律的裁决系统的作用。法律不能不设防，它最拿手的武器就是死亡。对于违法的人，它至少可以最终诉诸这一绝对的威胁。法律总是与剑相关的。但是，以对生命负责为己任的权力则需要连续的、调整的和矫正的机制。它不再让死亡在君权范围内起作用，而是把生命纳入一个有价值的和实用的领域之中。这样一种权力需要加以规定、估量、评价和等级化，而不是应该表现在杀人活动中。它没有必要在臣民之间和君主的敌人之间划出分界线来，它只是围绕着规范让手下各就各位。当然，我不是说法律消失了，或者司法机构趋于消失，而是指法律总是更多地作为一种规范起作用。司法机构愈来愈被整合到一连串发挥调整作用的（医疗的、行政的……）机构之中。一个规范化的社会是围绕生命展开的权力技术的历史结果。相对于众所周知的 18 世纪之前的各种社会，我们已经进入了一个司法衰退的阶段；法国大革命以来，全世界各种成文宪法以及重新编定和修改过的法典，所有经常性的吵吵闹闹的立法活动不应该造成错觉：这些是让一个规范化的权力广为接受的形式。

为了反对这个在 19 世纪尚属新事物的权力，各种抵抗力量得到了这一权力的手下——即生命和人——的帮助。从 19 世纪以来，各种质疑普遍权力系统的伟大斗争都不再打着回归古代权利的旗号，或者是为了实现时代交替的循环和黄金时代的千年梦想。大家也不再期望穷人的皇帝，也不要求重建古代

的公正；大家的目标是重新恢复作为人的基本需要和具体本质以及实现其潜能和全部可能性的生命。不论这是不是乌托邦，大家有着一个非常实在的斗争过程。作为政治对象的生命立即被要求反对企图控制它的系统。于是，生命（而不是权利）成了政治斗争的目标，尽管政治斗争都带有权利的要求。对生命、身体、健康、幸福、满足需要的"权利"，超越一切压抑或"异化"而发现我们所是和一切我们所能是的"权利"，这

种"权利"是古典的裁决系统无法理解的，它是对所有这些不再属于君主传统权利的新的权力步骤的政治反驳。

*

在此基础上，我们可以理解性作为政治目标的重要性。性处于两条轴线的交叉点上，一切政治技术都是沿着这两条轴线发展出来的。一方面，性属于身体的规训：各种力量的建立、强化和分布，各种能量的调整和节制。另一方面，它属于人口的调节，它引起的所有后果都是关乎全局的，于是同时被整合到这两个方面之中。它引起了对身体的无穷无尽的监督、无时无刻的控制、谨小慎微的肢体定位、没完没了的医疗检查或心理检查以及一种微观权力。不仅如此，它还引起了大规模的测量、统计评估和对社会身体及其各下属群体的干预。性同时是进入身体的生命和人种的生命的通道。大家把它作为规训的基础和调节的原则来使用。这就是为什么在 19 世纪里对性的探究会一直达到人类生存的最细微的部分。大家在行为中、在梦中追寻它，冷静地质疑它，一直追踪到婴儿期的性。性变成了个体的密码，它使得分析个体和规训个体成为可能。但是，我们发现它还变成了政治运作、经济干预（通过或抑制生育）、道德化或责任化的意识形态宣传的主题：大家强调它是一个社会的力量标志，还表现了社会的政治能量和生命活力。在这一性技术的两极之间，依次排列着一系列根据不同的比例把身体

192

193

规训的目标和人口调节的目标连接起来的不同的配置。

　　从此，我们知道两个世纪以来，性政治是沿着四条重要的路线发展的。每条路线都是一种连接规训技术和调节步骤的方式。前两条为了在规训层面上发生影响，是以调节需求——一切有关人种、子孙和集体健康的主题——为支点的。在为了种族健康的运动中，儿童被性化了（从 18 世纪到 19 世纪末，性早熟被视为一种正在损害成年人未来的健康和人类社会未来的威胁）；在为自己孩子的健康负责、维持家庭制度和社会礼仪的名义下，妇女被歇斯底里化了，为此，要对她们的身体和性进行细致的诊断和治疗。这种颠倒的关系涉及生育控制和对性倒错的心理诊治，这种干预是调节性的，但是它必须是以个体的规训需要为支点的。总的来说，在"身体"和"人口"的连接点上，性变成了以管理生命为中心（而不是以死亡威胁为中心）的权力的中心目标。

194　　长久以来，血缘一直是权力机制及其表现和规则中的一个重要成分。在一个联姻系统、君主政治形式、秩序与等级井然分明和家族价值占优的社会里，在一个饥荒、流行病和暴力即将带来死亡的社会里，血缘是基本价值之一。它的价值就在于它的工具作用（能够输出血液）、它在符号秩序中的功能（有某一种血缘、是同一种血缘、愿意用自己的血缘来冒险）以及它的暂时性（易于扩散和干涸，在血缘混合方面非常敏捷，也容易快速堕落）。在血缘社会（我说的是"血腥"的社会）里，权力是通过血缘来言说，如战争的荣耀、饥荒的恐惧、对死亡的胜利、手握生杀大权的君主、刽子手和肉刑。血缘是"一种具有象征功能的现实"。我们大家都生活在"性"社会里，或者说是生活在"性"之中。权力机制告诫身体、生命、繁衍生命的东西、增强人种的东西注意自己的力量、控制能力或者供人使用的能力。权力"向"性谈论性，如健康、后代、种族、人类的未来和社会有机体的生命力。性不是什么标志或者象征，它是对象和目标。其重要性不在于它的稀有性或暂存性，而是它的执著和潜伏存在，事实上，它到处可见，同时又令人生畏。权力突出它、引发它，把它作为生育器官来使用；为了不让它逃避，在使用它时，必须控制它，它是一个"具有器官价值的用品"。我不是说性对血缘的取代概括了各种作为现代性开端标志的变化。这不是我要说的两种文明的灵魂，或者两种文化形式的组织原则。我探寻的是性在当代社会里没有被压抑而是一再被激发出来的各种原因。它们就是在古典时代里被阐明的和在 19 世纪里被应用的权力的新的步骤。它们使得我们的社会从一种"血缘象征"过渡到一种"性经验分析"之中。我们发现，如果说在法律、死亡、犯禁、象征和君权的左右还有某种东西，那么它就是血缘，而性则是与规范、知识、生命、器官、规训和调节联系在一起的。

萨德和最早的优生学家们见证了这一从"血腥"时代向"性经验"时代的过渡。但是，当人种优化的最初梦想在对性的强制管理（确定好的婚姻、倡导所希望的生育力、确保儿童的健康和长寿的技艺）中推翻一切血缘问题时，当新的种族观念为了有效地控制性而开始消除血缘的贵族特殊性时，萨德却还在被夸大的古代君主的权力机制里和在完全由血缘支撑的古老声誉之下对性进行详尽的分析。血和着快感的节拍而流淌，如肉刑和绝对权力的血腥，人们尊崇的在弑亲和乱伦的主要仪式上流动着的等级血缘，还有被任意抛洒的人民的血（因为人民血管里流动的血甚至不配称作血）。萨德的性是没有规范的，缺乏有关自身本性的内在规则。但是它服从于权力的无限制法则，这种权力只知道自己的法则。假若它被迫接受天天在严格规训之下前进的命令，那么这种训练会把它引向唯一的和赤裸裸的君权巅峰：一个掌握无限权力的万能的怪物。总之，血吞噬了性。

事实上，不论性经验的分析和血缘象征怎样在原则上分属两个不同的权力机制，它们的相互衔接不是没有交叠、互动或者反响的（这些权力本身也是如此）。两个世纪以来，对于血缘和法律的关注一直以不同的方式出现在对性经验的管理中。其中，有两次重要的干预。一次归因于自身的历史重要性，另一次则是由于它提出的理论问题。从 19 世纪下半叶以来，人们要求利用具有深厚历史传统的血缘主题重振和支持一种通过性经验的配置来运作的政治权力。由此形成了种族主义（以现代的、国家的和生物学的形式出现的种族主义）：一切有关人口分布、家庭、婚姻、教育、社会等级化和所有权的政策，以及在身体、行为、健康和日常生活的层面上一长串的干预，从以保护血缘的纯洁和促成种族胜利的神秘关心那里找到了自己的特色和根据。毫无疑问，纳粹主义是血统幻想和极端的规训权力之间最天真的和最狡黠的结合（正因为它最狡黠，所以它最天真）。在不受限制的国家控制的名义下，把社会纳入优生秩序之中的活动，以及它所带来的微观权力的扩大和深化，引起了对高等血统的狂热。这种狂热同时会引起对其他种族的有步骤的屠杀和将自己引向灭顶之灾的危险。历史表明，希特勒的性政策只是一种可笑的实践，而血统神话却转化成人类有史以来最大的屠杀。

与此相反，我们可以追踪 19 世纪末以来，在法律、象征范围和君权系统中讨论性主题的理论努力。这是精神分析的政治荣誉，或至少是其中最合乎逻辑的部分的荣誉，它怀疑（从它问世开始，即从它与有关变态的神经精神病学划清界限开始）这些旨在控制和管理日常性活动的权力机制的那些不可挽回地激增的方面。由此，弗洛伊德努力（无疑是对当时声势高涨的种族主义的反对）赋予性以法律原则——联姻的法律、禁止血亲通婚的法律和父亲—君主的法律，简言之，用旧的权力秩序来规范欲望。正是由于这一点，精神分析本质上（除了几个例外）在理论和实践方面是与法西斯主义针锋相对的。但是精神分析的这一立场是与特定的历史形势分不开的。无法否认，从法律、死亡、血统和君权的角度对性秩序的思考——不论萨德和巴塔耶怎么说，也不管人们要求他们做出什么"颠覆性"的保证——最终只是一种"倒退"的历史观。我们必须从同时代的权力技术出发思考性经验的配置。

第五章　死亡的权利和管理生命的权力

有人会对我说：这是坚执于一种与其说是激进、不如说是
仓促的历史主义，为了从可变的、脆弱的、次要的和整体上又
肤浅的现象中得到好处，它回避了性功能的生物学上的坚实存
在。根据这种对性经验的解释，好像性不存在似的。而且，大
家会据理反驳我："你要求详细地分析女人的身体、儿童的生
命、家庭关系和庞大的社会关系网络被性化的过程，你想描述
18 世纪以来这一日益高涨的社会关心和我们日益增强的对无处
不在的性的怀疑。我们承认，也认为权力的各种机制不是被用
来压抑性经验，而是唤起和'激发'性经验。但是你仍然停留
在你思考的对象旁边，当然，它对你来说已经是改头换面的了。
你只是指出了性经验扩散和定位的现象，企图让大家看清社会
有机体中所谓'色情基因区域'的组织。也许，你只是按照机
制的扩散过程一步步地改变立场，而精神分析在个体层面上已
经精确地测定了机制的方位。但是，你忽略了这一性化过程的
根据，而精神分析却丝毫没错，它以认识性为目的，在弗洛伊
德之前，人们都是企图十分严密地限定性关系的范围：把它限
定在性之中、在性的生育功能之中、在性解剖的范围中，最后
缩减到一种最小的生物学部分——器官、本能和目的。你一直站
在对称的和倒置的立场上：对你来说，这只是没有支柱的效果、
本根的内部分岔、一种没有性的性经验。这是对性的阉割。"

对此，我们必须区分两个问题。一方面，对作为"政治

配置"的性经验的分析是否必然意味着对身体、解剖、生物性和机能的忽略呢？对于这第一个问题，我相信可以说不。无论如何，现在研究的目标就是指出权力配置是如何直接地与身体——与各种身体、功能、生理过程、感觉、快感——联结在一起的。这决不是要把身体去掉，而是让它在分析中展现出来，其中生物性与历史性不是像以往社会学家们坚持的进化论那样前后相继，而是根据随着以生命为目标的现代权力技术的发展而日益增强的复杂性彼此联结起来。因此，这不再是"心态史"，只根据人们观察身体的方式或者人们赋予身体以价值和意义的方式来思考身体，而是"身体史"，它只根据用来包含更多质料和生命活力的身体的方式来思考身体。

另一个问题不同于第一个问题：即大家提到的这一质料难道不是性的质料吗？如果写一部身体层面上的却与性无关的性经验史，那么难道不存在悖论吗？总之，在性经验中起作用的权力难道不会特别地向性——一般的性——这一实在要素表示什么吗？对于权力来说，性经验不是一个被权力强制的外在区域，相反，它是权力调整的结果和工具。这样说虽然不错，但是，性对于权力而言不是"他者"(l'autre)，而它对于性经验来说难道就是性经验展开其影响的中心吗？然而，恰恰是对于这一性观念，我们不能不加检查就接受。"性"在现实中是不是支持各种"性经验"表象的支点呢？抑或是在性经验配置的内部历史地形成的一种复杂观念呢？不管怎样，我们能够指出这种"性"观念是怎样通过不同的战略而逐渐形成的，它的确切作用是什么。

　　沿着19世纪以来性经验配置发展的几条主要线路，我们发现一个观念逐渐明朗起来，即存在着一种不同于身体、器官、躯体定位、功能、生理解剖系统、感觉、快感的东西，这是另一种东西，一种超出上述范围之外的剩余，它有着自身内在的属性和法则：这就是"性"。因此，在女人歇斯底里化的过程中，"性"的定义有三种方式：作为共同属于男人与女人的性；或者作为属于男人而女人缺乏的性；还有，作为只构成女人身体的性，它把女人的身体整个地纳入生育功能之中，不停地借助这种功能的结果来干扰女人的身体。在这种战略中，歇斯底里被解释成性的相互作用，在此，性既是"此"，又是"彼"；既是全体，又是部分；既是根据，又缺乏根据。在儿童的性化过程中，性被解释成既存在（根据解剖学），又不存在（从生理学的角度看来），同样地，如果我们考虑它的活动，那么它是存在的，而如果我们触及它的生育目的，那么它又是有缺陷的。而且，它存在于自身的表现之中，但是又隐藏在以后出现的严重病态的结果中。如果在成年人身上儿童的性仍然存在，那么它是以隐秘的因果关系形式出现的，目的在于取消成年人的性（这是18世纪和19世纪的医学学说之一，它假定性早熟会招致不育、性无能、性冷淡、丧失体验快感的能力、感觉麻木）。在让儿童性化的过程中，人们形成了一种以存在与非在、隐匿与表现之间的相互作用为特征的性观念。手淫以及人们赋予它的效果以特别的方式揭示了这种存在与非在、表现与隐匿之间的相互作用。在性倒错的精神病化的过程中，人们把性与各种生物性功能和一种赋予它以"意义"、即目的性的生理解剖学的机器联系起来。但是，它也指的是一种本能，*203*通过自身的发展和根据自己关注的对象，使得性倒错行为的出现得以可能，使得它们的产生不难理解。因此，性是通过功能与本能、合乎目的性与意义的交织来定义的。它以这种形式呈现在典型的性倒错和"恋物癖"中，比在别处表现得更好。至少自1877年以来，"恋物癖"一直是分析其他一切性反常的线索，因为大家清楚地看到，本能由于历史关联和生理上的无能而执着于一个对象。最后，在生育行为的社会化中，"性"被描述成夹在现实的规律（经济需要是现实规律的最直接的和最粗疏的形式）与快感结构（快感总是想在现实的法律没有误解快感结构时绕开它）之间。最著名的"舞弊"是"中断的性交"，它表明了现实的权威强迫人们中止快感，而且尽管现实规定了快感的结构，快感仍然会表现出来。我们看到，性经验的配置在它的不同战略中建立起这种"性"观念。性经验通过四种宏观形式——歇斯底里、手淫、恋物癖和中断的性交，让性呈现出来，并且把它纳入全体与部分、根据与缺陷、非在与存在、过度与不足、功能与本能、目的与意义、现实与快感的相互作用之中。于是，一种一般的性理论框架就逐渐形成了。*204*

然而，如此产生出来的这一理论在性经验的配置中发挥了一定量的功能，这些功能使得它不可或缺。其中三种功能特别重要。首先，"性"观念允许根据一种人工的统一体重组各种解剖要素、生物功能、行为、感觉和快感，它允许让这一虚拟的统一体作为因果原则、普遍存在的意义和无所不在的隐秘发挥作用：性于是能够作为唯一的能指和普遍的所指发挥作用。而且，在只把自己设定为解剖和缺陷、功能和潜在、本能和意义时，它能够标示出人类性经验的知识与有关生育的生物科学之间的接触线。事实上，前者没有从后者那里得到什么（除了某些不确定的相似和几个移植过来的概念外），它凭借近水楼台的优势，某些生物学的和生理学的内容会成为人类性经验的规范性原则。最后，性观念确保了一种根本的转变，它允许颠覆权力与性经验的关系表象，不让性经验出现在它与权力的本质的和正面的关系之中，而是让它依附在权力企图控制的一种特殊的和不可还原的权威上。于是，"性"观念使得避开让"权力"成为权力的东西，使得只把权力看成是法律和禁忌。性就是这一统治我们的权威，就是这一隐藏在我们背后的隐秘，就是这一用它展现的权力和隐藏的意义诱惑我们的部分，我们要求它揭示我们是谁，把规定我们的本质从我们身上解放出来。毫无疑问，性只不过是性经验的配置及其功能认为必不可少的理想部分。我们不必构想一种性的自主权威，它在与权力的接触过程中派生出了性经验的多重影响。相反，性是在权力为了控制身体及其质料、力量、能量、感觉和快感而组织的性经验的配置中最思辨的、最理想的和最内在的要素。

我们可以进一步说，"性"还发挥了另一种功能，即贯穿了上述三种功能，并且支持它们。它不是理论的，而是实践

的。因为每个人只有通过性这一性经验机制所确定的想象点，才能达到自己的理智（因为性既是被隐匿的要素，也是意义的生产原则）、自己身体的全部（因为性既是一个现实的和受到威胁的身体部分，又象征性地构成了身体的全部）和自己的身份（因为它把历史的特殊性与冲动的力量汇合在一起）。因而，²⁰⁶通过一种神不知鬼不觉的颠覆活动（长久以来就已存在，起始于基督教制定有关肉体的教士守则的时代），我们现在终于向许多世纪来被视为疯狂的对象了解我们自己，向长久以来身体上的烙印和伤口追问我们身体的全部情况，向被视为莫名的冲动查明我们的身份。因此，我们认为性是重要的，以致对它过分担忧，并且努力去认识它。于是，数世纪以来，性变得比我们的精神和生命还重要；而且一切世界之谜与这一秘密相比都微不足道，这一秘密在我们每个人身上是极其微小的，但是其密度却使得它比其他任何东西都要严重。性经验的配置让我们接受的浮士德契约的诱惑现在成了如下这种东西：用整个生命来换取性本身，换取性的真相和性的统治权。性值得以死换取它。正是在这一严格的历史意义上，性在今日已被死亡本能所渗透。当西方人很久以前发现爱的时候，他们赋予它极高的价值，为它而死也是可以接受的。今天，性要求同等的最高级对待。当性经验的配置允许权力技术界定生活时，这一配置所确定的性的虚构点却对每个人施加了足够的诱惑，使得他们答应²⁰⁷从这里聆听死亡的抱怨声。

在创造"性"这个想象的要素的同时，性经验的配置产生

了它最本质的内在功能原则之一：这就是对性的欲望——拥有它、接近它、发现它、解放它、用话语谈论它、阐明其真相的欲望。它使得"性"本身成为一种值得追求的东西。正是由于性值得追求，它使得我们每个人接受认识它、揭示它的法律和权力的命令；正是由于性值得追求，使得我们相信我们在对抗所有的权力，确认我们的性权利，而实际上我们却被纳入性经验的配置之中，它从我们的心底燃起了性的幽光，它像一种幻象，使得我们相信认识了我们自己。

凯特在《羽蛇》(Le Serpent à plumes) 中说："一切都是性，一切都是性。好像当人们让它强大和神圣的时候，它是美好的，溢满整个世界。这就像阳光一样，把你们照得通体明亮。"

因此，我们决不能把性经验的历史归结为性的机构，而是要说明"性"在历史上是如何从属于性经验的。我们不要把性推到现实的一边，把性经验放在混乱的观念和幻象一边。性经验是一种非常真实的历史形成，正是它产生了作为其运作必不可少的思辨要素的性概念。我们不要认为在对性说"是"时，我们就是对权力说"不"。相反，我们遵循的是性经验的普遍配置。如果我们想通过一种对不同的性经验机制的战术性翻转，利用身体、快感、知识的要求来对抗权力的控制，在它们的多样性和抵抗的可能性中，我们必须摆脱的是性机构。反对性经验配置的支点不应该是性欲，而是各种身体和快感。

D.H. 劳伦斯说："在过去，有那么多的活动，特别是性活动，单调乏味和令人厌恶地重复着，在思想与理解中没有相应的发展。现在，我们的任务就是理解性经验。今天，对性本能的自觉理解要比性活动本身重要得多。"

也许将来有一天，大家会吃惊。大家将难以理解一个专注于开发庞大的生产和破坏工具的文明竟有时间和无限的耐心费尽心机地询问什么是性。一想到我们这些人竟然相信存在着一种性真理，它与我们追问的有关地球、星球和我们思想的纯粹形式的真理至少是同样珍贵的，大家也许会感到好笑。而且，大家还会吃惊地发现我们竟然一直假装让性经验从它的黑夜中摆脱出来，即我们的话语、习惯、制度、规则和知识完全揭示了性，反过来又推动了性。人们不禁要问，为什么我们如此希望解除对我们最关心的问题的沉默法则。现在回头想，这种噪音可能显得过分，但更奇怪的是，我们顽固地认为它只是一种拒绝说话和保持沉默的命令。大家会询问谁能够让我们如此自以为是。人们还想弄清楚为什么我们把最早反对千年道德和赋予性以重要性的功劳归于自己，以及我们怎样吹捧自己最终在20世纪里摆脱了漫长的和艰苦的压抑时代——即被资产阶级经济规律吝啬地和吹毛求疵地利用的一种被延长的和变形的基督教禁欲主义的时代。今天，我们从中发现了一个审查制度被十分困难地解除的历史，而后人们会发现穿越许多世纪的一个

性的复杂展布的长长斜坡，它的目的是让人说出性来，让我们注意它、担心它，还让我们相信它的法律至上性，然而，我们
事实上却是在遭受性经验的权力配置的折磨。

大家还会嘲笑曾反对弗洛伊德和精神分析的泛性主义的指责。但是与其说轻率的人是那些表达不满的人，不如说是那些通过反手一击把指责拒之门外的人，好像指责只是复活了古老的过分羞耻感的恐惧。因为前者只是惊讶于一种有着悠久历史的程序，而没有发现自己已经完全被这种程序包围了。他们把长期形成的东西归因于弗洛伊德的邪恶才华。他们还弄错了性经验的普遍配置在我们社会里被建立起来的时期。但是，后者却弄错了这一程序的本质。他们相信弗洛伊德通过一种突然迂回的方式把性应该得到的、但是长期以来颇受争议的部分归还给性。他们没有看到弗洛伊德的杰出才华把他置于18世纪以来由知识和权力战略划定的一个关键时刻上，他极富成效地重振了认识性和把性纳入话语之中的古老命令，堪与古典时代最伟大的精神导师比肩而立。大家经常提及古代基督教让我们厌
恶肉体的数不清的步骤，但是我们想一想，许多世纪以来人们让我们爱性、激起我们认识性的欲望和让我们珍视一切性话语的所有诡计；还有人们通过这些诡计煽动我们揭示一切突然发现性的技巧，承担起引出性真理的责任；而且人们还通过这些诡计让我们对长久以来误解性感到内疚，它们才是今天值得人们吃惊的事。我们必须想一想，也许将来有一天，在另一种肉体的和快感的结构中，大家将不再明白性经验和支持性经验配

置的权力怎样使用诡计让我们服从于这一严厉的性王国，并且承担起歪曲它的秘密和强迫这一幽灵做出最真实的坦白的无限任务。

这一配置的反讽之处就在于：它让我们相信它是与我们的"解放"密切相关的。

图书在版编目(CIP)数据

性经验史. 第 1 卷,认知的意志/(法)米歇尔·福柯(Michel Foucault)著;佘碧平译. —上海:上海人民出版社,2022
ISBN 978-7-208-17768-0

Ⅰ.①性… Ⅱ.①米… ②佘… Ⅲ.①性学-研究
Ⅳ.①C913.14

中国版本图书馆 CIP 数据核字(2022)第 125347 号

责任编辑　赵　伟
装帧设计　林　林

性经验史第一卷:认知的意志

[法]米歇尔·福柯 著

佘碧平 译

出　　版　上海人民出版社
　　　　　(201101　上海市闵行区号景路 159 弄 C 座)
发　　行　上海人民出版社发行中心
印　　刷　上海盛通时代印刷有限公司
开　　本　850×1168　1/32
印　　张　5.25
插　　页　5
字　　数　102,000
版　　次　2022 年 8 月第 1 版
印　　次　2022 年 8 月第 1 次印刷
ISBN 978-7-208-17768-0/B·1631
定　　价　36.00 元

Histoire de la Sexualité

Vol.1 La Volonté de Savoir

de Michel Foucault